VISUALIZATION OF EMOTIONS

感情の可視化

人類総SNS時代における
“自分の価値”の見つけ方

岡城良太
RYOTA OKASHIRO

徳間書店

まえがき

はじめまして。本書を手に取ってくださり、ありがとうございます。

私は岡城良太と申します。現在は沖縄・岡山・東京を拠点とする『CHIMJUN』というライフスタイルブランドを手がけ、サロン経営やヘアケアアイテムの開発・製造・販売を展開しています。独立してから十数年、グループ全体の売上は累計で50億円を超え、今では国内だけでなく、海外にも商品を届けています。

しかし、ここに至るまでの道のりは決して平坦ではありませんでした。創業当初の苦しみ、前職での突然のクビ通告、微差を積み重ねる地道な挑戦――そうした失敗や試行錯誤の連続が、今の私の〝感情の可視化〟というメソッドを形作ってきたと言っても過言ではありません。

私自身もかつては「一生懸命に頑張れば、いつか報《むく》われるだろう」と思い込んで生きてきました。周囲の期待に応《こた》えようとがむしゃらに働き、人間関係を円滑《えんかつ》にしようと無理に笑顔を作ったり、あるいは「自分は正しいんだ」と意地になって声を荒げたり……。心の奥底では「このやり方、合っているのかな？」と自問しつつも、目の前のタスクや日常に追われていたのです。

ふと振り返ると、仕事も家庭もそこそこ順調なはずなのに、「どうしてこんなにモヤモヤするのだろう？」という壁にぶつかっていました。そこで気づいたのが、「感情が振り回される状態では、本当の豊かさにはたどり着けないのでは？」という疑問です。なぜなら、私たちの行動は普段の感情に大きく左右されるのに、その感情の正体をほとんど分析せず、闇雲に頑張っていることが多いからです。

この本でお伝えする「感情の可視化」とは、ひと言でいえば「自分の感情を客観的に捉えるための仕組み作り」です。

たとえば「イライラ」「不安」「寂しさ」などの不快感が、どこから来ていて、どんな快感情を求めているのか。そのプロセスを4つの不快と快の軸を使って言語化してみるのです。

さらに、自分が本当に大切にしている〝コアバリュー（価値観）〟を見極め、コアバリューに沿った日常を送るために、日々の振り返り（ジャーナリング）を活かしていきます。

　こうすることで、仕事や家庭、人間関係において「なぜ行動がブレるのか」「どうすれば自分の軸を保てるか」が、はっきりとわかるようになっていくのです。

　もちろん、私自身も偉そうに語れるほどスムーズに進んできたわけではありません。以前は「人と関わるのが好きだから、美容業界に入ったんだ」と言いながら、実際の行動は「なるべく人に振り回されたくない……」と逃げ腰だったり、「会社のために頑張るぞ！」と叫びつつ、スタッフの気持ちを置き去りにするトップダウン経営に陥ったりもしました。

　その矛盾を、ある先輩から突きつけられたとき、「ああ、私は自分の本当の感情とまったく向き合ってこなかったんだ」と強いショックを受けました。

　そこから始まったのが、本書の中心テーマである「感情の可視化」の試行錯誤です。４つの不快と快、絶対評価と相対評価のリバランス、日次・週次・月次の振り返り、ジャーナリングの習慣……。面倒くさいと感じることもありましたが、やり続けるうちに少しずつ「自分はここでイライラしているんだ」「なるほど、自分は退屈を変化や刺激で埋めたい人間なんだな」と理解できるようになり、ブレない軸が育っていきました。

結果として、家庭や会社におけるコミュニケーションが改善し、昔のやり方に執着していた自分にも気づき、アップデートを恐れなくなったのです。

本書の流れでは、まずは「感情の可視化とは何か？」という概念を掘り下げ、自分のコアバリューを見つけるための視点を整理しています。そこから、日常生活やビジネスシーンへどのように応用できるのか、どんなステップで実行すれば継続して成果を得られるのかを、具体的にお話ししていきます。ときに実例を出しつつ、昔ながらのやり方にこだわりすぎるリスクや、逆に周囲の声ばかりを気にしすぎる問題点を取り上げ、「絶対評価と相対評価のバランスがいかに重要か」を繰り返し強調する構成になっています。

この本は、次のような方に特におすすめです。

・日々忙しく走り続けているけど、「なんとなく満たされない」「モヤモヤが晴れない」と悩んでいる方

・頑張って成果を出してきたのに、なぜか虚《むな》しさを感じるリーダーや経営者
・家庭・職場・組織の人間関係がギクシャクし、「どうすればいいの?」と困っている方
・仕事や趣味、健康管理など、いろいろなテーマを同時に追いかけているが、軸が定まらず疲れてしまう方

もしあなたが「安定した軸と豊かな感情を手に入れたい」と感じているのなら、感情の可視化というプロセスは、きっと大きな一歩になると思います。そして、ただ思考法を学ぶだけでなく、1日15分のジャーナリングや週次・月次での振り返りなど、すぐに始められる具体的な取り組みを本書では多数紹介しています。

すべてを一度に完璧にやる必要はありません。ほんの小さなステップでも踏み出せば、複利的に行動が改善されていく感覚を味わえるはずです。

感情の可視化を通じてコアバリューを明確にすると、最初は「こんなはずではなかった……」という焦《あせ》りや不安が浮き彫りになるかもしれません。でも、

そこで本書が提案する方法を試してみてください。自分の感情を丁寧に扱うと、混乱している頭や心が少しずつ整理され、「自分が本当に望む豊かさ」「自分らしさ」が手触り感を伴って見えてきます。

かつての私のように迷っていた方や、大切な誰かとぶつかってしまっている方、あるいは自己成長を止めずに進みたい方に、本書が少しでもお役に立てれば幸いです。

それでは、一緒に「感情の可視化」の世界へ足を踏み入れてみましょう。あなたが本書を読み終える頃には、きっと自分自身への理解も、周囲の人たちへの理解も、今より一段深まっているはずです。最後までどうぞお付き合いください。

2025年2月

岡城良太

感情の可視化　CONTENTS

CHAPTER 2

感情の可視化をするとどうなるのか？

――人生のコアバリューが見つかる

CHAPTER 3

プランニング編

感情を可視化するトレーニング

CHAPTER 4

感情を可視化するトレーニング 振り返り編

CHAPTER 5

感情モニタリングを習慣化する

169

CHAPTER 6

感情の可視化をビジネスに応用する

187

08

09

10

EPISODE 0

私が「感情の可視化」メソッドに至った理由

01

失敗と挫折から学んだこと

企業経営がもたらした「感情の可視化」への道

独立・起業のきっかけ
「お前なんかいらない」と突然のクビ宣告

私は独立する前は、ある企業のサラリーマンでした。ただ、そこでマネージャーとして実績を残し、27歳のときにそのグループ会社（沖縄に所在）の代表取締役社長に抜擢されました。そして万年赤字だったこの会社を1年で黒字化しましたが、会長は「会社の数字を伸ばす」よりも「自分の言うことを忠実に聞く人材」を求めていたのです。

私自身は、「何とかして会社を変えたい」「沖縄をもっと元気にしたい」と熱く活動していましたが、それが会長の意にそぐわなかったのでしょう。ある会議の席で「お前みたいな出来損ないはいらない」と突然言い渡され、残りの任期もまっとうできないまま辞めることに。台風の大雨の中、会社で借りていた住まいを追い出されるという、絶望的な状況に追い込まれました。

その日は6月23日。沖縄戦の戦没者を追悼する「慰霊の日」という大切な日でした。正午にスタッフが黙祷を捧げている姿を見て、「自分は何も知らないまま、この地に住まわせてもらっていたんだな」と自分がクビになったこと以上に、自分の無知さを痛感したのです。そこで、「この沖縄県で生きる以上、あってよかったと思ってもらえる会社を作りたい」という決意に燃え、2007年に小さな美容室をオープンしました。スタッフわずか4名、資本金300万円のスタートでした。私は美容師免許を所持していたものの、社長の役割はサービスや商品を開発して世に出すことと考え、技術提供は現場に任せ、自分は無給でもまずは基盤を固めようと思い定めたのです。

最初のビッグチャレンジ
美容業界の改革

創業時のビジョンは「美容業界の改革」でした。私が目指していたのは、美容師さん同士が結婚しても健康に子どもを授かれるような業界にしたい、働く美容師が胸を張れる仕事にしたい——そんな思いでした。

なぜなら、美容師は肌トラブルを抱えることが多く、また美容師のお子さんにもアレルギーやアトピーが多いという声を周囲から聞き、「これは薬剤や商品が原因なのではないか」と疑問を持ったからです。自分たちの仕事が、お客様はもちろん、自分たちの体まで蝕《むしば》んでいる——その矛盾を何とかしたい、と強く思いました。

こうして「安全な薬剤やヘアケアの開発」を手掛け始め、これが後《のち》のヘアケアブランド『CHIMJUN』につながっていくことになります。

しかし、当時は「一気に売上を伸ばして大成功！」という華やかなストーリーとは無縁でした。私が大切にしている言葉に「微差でしか大差は生まれない」

というものがあります。まさに日々の小さな改善や積み重ねが、少しずつ私たちを前に進めてくれたのです。

たとえば、スタッフ向けの研修も、最初は1人や2人しか参加しない地味な会でしたが、続けていくうちに「面白そう」「役立ちそう」と仲間が増え、お客様への価値提供が社内全体で底上げされていきました。気づけばグループでの売上は累計で50億円を超え、沖縄・岡山・東京と拠点を増やしても回る組織に育っていたのです。

採用や育成で意識していたのは、スペックや実績よりも「熱意」と「共感」でした。私がやりたいのは「生産者の顔が見える仕事」。つまり、誰がどんな思いでサービスを作り、商品を開発し、どう届けたいと考えているのか。それをスタッフや仲間が共感してくれないと、お客様には伝わらないからです。

ただし、私の理念を無理やり押し付けるつもりもありません。大事なのは「感情の可視化」を通じて、お互いが何を大切にしているかを探り合うこと。スタッフ一人ひとりが「自分のコアバリュー」を理解し、それと会社の理念がリンクすると感じたときこそ、最も輝いて仕事をしてくれるからです。

『CHIMJUN』ブランドの理念
“もし自分の幼い子どもに使うなら”

私たちの代表的なヘアケアブランド『CHIMJUN』は、沖縄の過酷な環境（強い紫外線や硬水など）で長年テストし続けながら、繰り返し改良を重ねてきました。合言葉は「もし、自分の小さな子どもに使うなら、どんな成分がいいのか？」です。

こうした一貫性のある想いが、お客様にも「一度使ってみたい」という興味を引き、今では全国規模でファンが増えてきました。ＳＮＳでの口コミがさらなる広がりを呼ぶ形で、気がつけば海外のバイヤーからも問い合わせが入るようになりました。

実は起業当初に掲げた経営理念は、有名な経営者の言葉を寄せ集めたものでした。「こうあるべき」「いつか大きくなる会社には必須」といわれてきたから、半ば形だけというか、やり方ベースで作ってしまったのです。しかし、スタッフたちからすると「社長はこう言うけど、何が本音なんだろう？」と感じられても仕方ない状態でした。

そこで改めて「感情の可視化」に取り組み、自分自身が大切にしている価値観と、お客様から評価されてきた点を丁寧に洗い出した結果、生まれたのが今の理念「ヒトと事業を通して健《すこ》やかな未来をつむぐ」です。これは私にとっても心から共感できる理念なので、スタッフにも自然と言葉が届くようになり、お客様や取引先からも好評価をいただけるようになりました。

私は、ヘアケアブランド『CHIMJUN』を「沖縄発の世界的ライフスタイルブランド」に育てたいと本気で考えています。オーストラリア発のイソップ（Aesop）のように、「シンプルでいて独自の哲学を持つブランド」が世界中で愛されている事例は枚挙にいとまがありません。私たちも、沖縄の環境を活かして開発した商品の価値を、もっと広く届けたいのです。

そのために必要なのは、やはり〝感情の可視化〟を通じた自分との対話、そして関わるすべての人の想いとの対話。古い成功体験に固執せず、日々アップデートを受け入れる柔軟性が、次のステージへ導いてくれると確信しています。

02 感情の可視化は感情の言語化

コアバリューとブランディングの共通概念とは？

中川政七商店に学ぶ言葉を丁寧に紡ぐ技術

私は創業当初から、ヘアケアを中心にいくつかの商品を手がけていましたが、その販売スタイルは、想いやこだわりを〝それぞれの現場〟でスタッフが直接説明する形に頼っていました。私たちのサロンにご来店くださるお客様であれば、スタッフが一対一で丁寧にお話しできるため、ありがたいことに多くの方から支持をいただいていたのです。

ところがあるとき、ふと不安を感じました。もし、これらの商品を外へ流通させようとしたとき、今のままではパッケージのデザインに一貫性がなく、想いを説明するパンフレットもないため、お客様にはこの商品の真意が伝わりにくいのではないか……。サロン内ではスタッフの口頭説明に助けられていたとはいえ、商品そのものが十分にブランディングされていない状態では、せっかくのこだわりや研究開発の成果も〝点〟で終わってしまいます。

そこで一度、点と点を線でつないで、きちんとお客様に届く形にしようと思い立ちました。

とはいえ、リブランディングといっても、どこから着手すればいいのかわからず、最初は外資系企業を含め20社以上のブランディング会社やデザイン事務所と打ち合わせをしました。

そのとき感じたのは、「デザインを新しくするだけではダメだ」「うわべの変更ではなく、根本から再定義しなければならない」ということでした。商品が増えるたびに独立したコンセプトやデザインを足していただけでは、お客様に伝わるどころか、むしろ混乱させている可能性があると思ったからです。

そんな折に出会ったのが、中川政七商店の中川淳さんでした。中川政七商店は奈良発の老舗《しにせ》企業で、もともとは〝工芸のリブランディング〟を主軸に活動されており、私たちのような〝美容業界のリブランディング〟は専門外でした。

とはいえ、打ち合わせの前に拝読した中川淳さんの著書『小さな会社の生きる道』（CCCメディアハウス）に感銘を受け、何としても中川さんと一緒に仕事がしたいと思うようになったのです。というのも、淳さんが大切にされていた「言葉を丁寧に扱う姿勢」や「会社やブランドの根幹を再定義するプロセス」に、私自身が掲げる〝コアバリューの再確認と日々の一貫性〟の考え方がとても近いと感じたからでした。

ところが、最初の打ち合わせでは「工芸分野ならお手伝いできるけれど、美容業界はやっていないんですよね」という返答でした。正直なところ「ああ、やっぱり難しいか……」と落胆しかけたのですが、それでも「どうしても中川さんとリブランディングに取り組みたい！」という熱意を伝え続けました。そして運よく、その想いを汲んでいただき、最終的にプロジェクトを受けていただけることになったのです。

徹底した言語化が行動指針へとつながる

実際にリブランディングのプロセスが動き出すと、まさに「自分たちが普段サロンの現場でやってきたコアバリューを定め、マイルールを決めて、その通りに日々ルーティンを回す」という作業と同じことを、〝会社やブランド〟という単位でやる必要があると実感しました。

サロンでいえばスタッフが日常的に「どんな価値を提供し、どんな言葉でお客様へ届けるのか」を考え抜き、それを毎日実行していく。ブランディングの世界でも、「会社の理念やコンセプトをしっかり再定義し、そのうえでパッケージデザインや商品ラインナップを統一した世界観で届ける」ことが大切だと教わったのです。

想いを言葉で丁寧に紡《つむ》ぎ、さらにそれを商品パッケージや販促ツール、店頭POPなどに落とし込む——これは時間もお金も労力もかかる作業でした。

正直、何度も「こんなにも大変なんだ……」と投げ出したくなりましたが、今振り返れば本当に取り組んでよかったと思っています。コアバリューや理念をしっかり再定義したからこそ、以前は届かなかった層のお客様にもスムーズに想いが伝わるようになったのです。

実際、私たちが目指しているヘアケアは、研究開発に長い年月と原価をかけてきた自信作で、一度でも使っていただければその違いを体感していただけると信じていました。

しかし、外見や説明文がバラバラで、コンセプトがひと目でわからなければ、その最初の一歩としての「手に取ってもらう」という土俵にすら上がれないのです。

中川さんとのリブランディングを経《へ》て、改めて「どういう想いで製品を作っているか」「どこに徹底的にこだわっているか」を言語化し、それをパッケージやパンフレットのデザインにも落とし込むと、見違えるほど製品イメージが統一されてきました。すると初めて手にとっていただくお客様からは、

「今までこんなに違うシャンプーは初めてでした！」

「一度洗っただけで、髪のツヤが戻ってきて驚きました」

言葉の再定義——中川政七商店の経営哲学

① **利　益** —— 経営を続けるための仕組み

② **個別善** —— 経営者や社員がやりたいこと

③ **共通善** —— 社会との調和

「まさに〝洗う美容液〟ですね」

などと嬉しい反応が返ってくるようになったのです。さらに、私たちがまだ出会ったことのない遠方のお客様からもネットや口コミを通じて注文をいただき、「本物を探していたら御社の商品に出会いました」という声が届くようになりました。

　この経験を通じて、いかに「言葉やデザインを含めた一貫性」と「コンセプトを明確に打ち出すこと」が重要かを、改めて痛感したのです。何より私が強く思ったのは、日常生活でも会社経営でも、「言葉を丁寧に紡ぎ、その紡いだ言葉に準じた行動を積み上げる」という一貫性がどれだけ大切かということでした。

コアバリューを単に〝内面で感じているだけ〟ではなく、しっかりと言語化して形に落とし込むことで、自己理解が深まると同時に周囲への伝わり方も格段に変わります。自分たち自身が目指す方向（コアバリュー）を曖昧《あいまい》にしていたら、消費者やお客様はもっとわかりにくいはずです。

だからこそ、中川淳さんのように「経営を丁寧に再定義し、言葉を大事に扱い、ブランディングそのものを見直す」作業が不可欠なのだと強く感じました。

つまり、〝経営とは社会との調和の中でやりたいことを続ける技術〟というものでした。自分たちが心底やりたいと感じること（個別善）を突き詰めながらも、社会やお客様の視点を無視せず（共通善）、それを継続できる仕組み（利益）を作る。そこに手間暇をかけてでも、言葉と行動をつなげていくプロセスこそ、ブランドにとっても私たち自身にとっても、欠けがえのない財産になるのだと確信したのです。

中川さんの言葉は、まさに私がこのリブランディングを通じて得た学び、そのものでした。

CHAPTER 1

感情の可視化とは何か

ひと言に「感情」と聞くと、私たちはまず「楽しい」「悲しい」「苦しい」「嬉しい」といったストレートな気持ちを思い浮かべます。喜怒哀楽という言葉がありますが、私たちが抱《いだ》く感情は自分の中に自然と芽生えたものであるため、「感情は嘘をつかない」と思いがちに。しかし、実は感情には「本当の感情」と「偽の感情」があるのです。その点をしっかり区別できていないと、自分の気持ちに振り回されかねません。

たとえば、〝誰かに好印象を持たれたい〟、〝嫌われたくない〟という思いは素直な欲求ですが、その結果として〝本来の自分が望んでいない行動〟を続けるなら、それは「偽の感情」にすり替わっている可能性があります。自分でも気づかぬうちに本音を押し殺し、周囲に合わせてばかりになってしまう――こんな経験は、誰にでも一度はあるのではないでしょうか?

本章では、なぜ「偽の感情」と「本当の感情」が生まれ、どう見分ければいいのか。そして、その見極めが人生の軸を作る「豊かさ」や「幸せ」にどう関係するのかを、私自身の体験や社会的背景を交えながら、じっくり探っていきたいと思います。

01

見栄と本音の逆転劇

「本当の感情」と「偽の感情」

一番大切な人を、一番蔑ろにしてしまう矛盾

人は往々にして、自分にとって本当に大切な相手や物事ほど、素直に向き合えず、むしろ冷たく接してしまうことがあります。たとえば、仕事仲間や知人との場ではニコニコ取り繕《つくろ》って愛想よく振る舞うのに、家族の前ではイライラを爆発させ、疲れた姿しか見せない……など。これこそが「偽の感情」が表面を覆《おお》い、本当の感情（「家族を大切にしたい」「一番安らぎたい場所が家族のもと」）が押し込められている状態です。

「本当の感情」と「偽の感情」

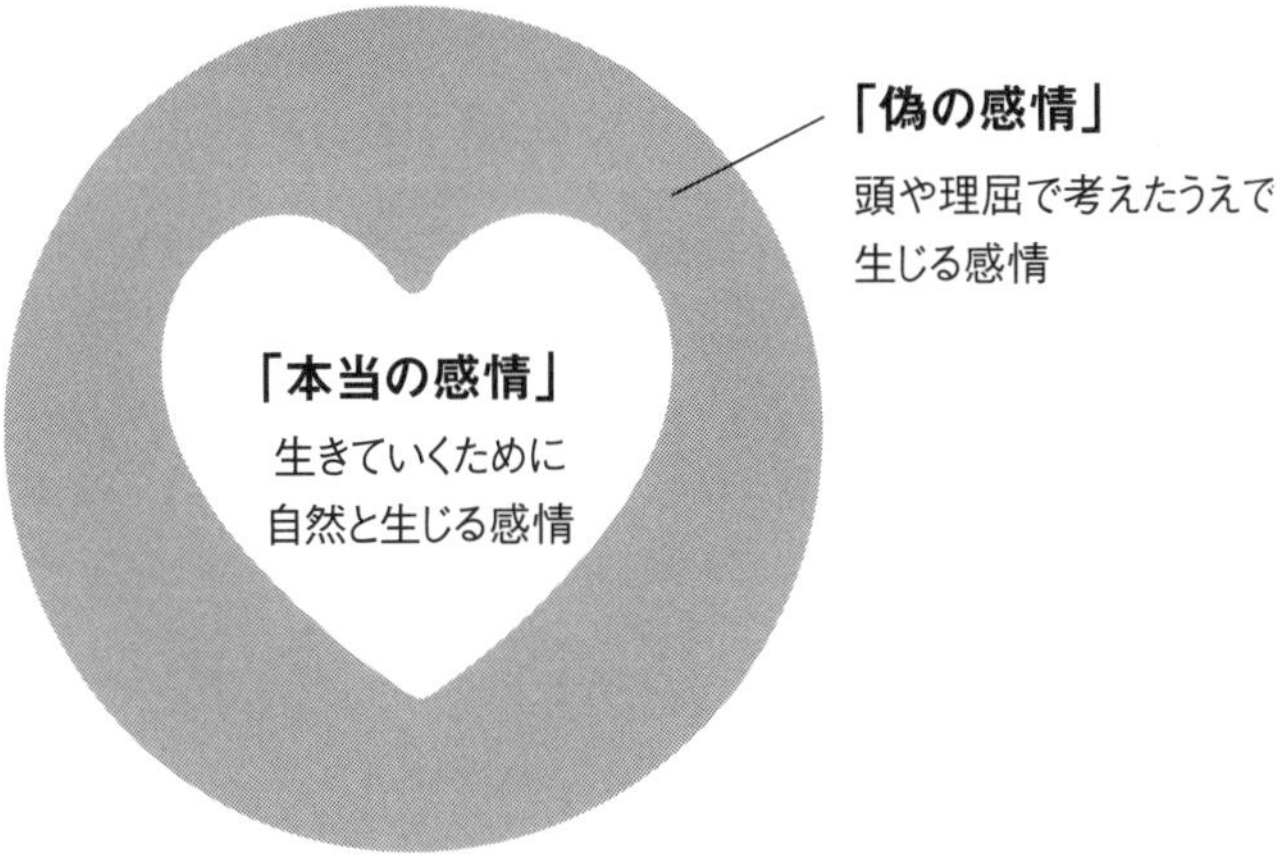

ある日、私は知人からの誘いを断れず、連日3件も飲み会や打ち合わせを入れてしまいました。当初は「せっかく声をかけてもらったし、断ったら悪いかな」と考えたのですが、結果としてヘロヘロに疲弊して、ようやく家へ帰った日は、イライラした状態でパートナーに八つ当たり。パートナーは「そんなに無理してまで行く必要あったの？」と呆れ顔……。私としては「よい関係を築きたい」「人脈を広げたい」という思いがあったはずなのに、家族との関係は悪化する始末。「何のためにやっているんだろう」と我に返ったのをよく覚えています。

言葉では「家族が何より大切」と言って

いるのに、行動が伴っていない。まさに「偽の感情」に振り回されて、本来一番守りたいはずの人を傷つけていたわけです。

「本当はこう在りたい」と思う気持ちがあるのに、いつの間にか〝周囲の評価〟や〝見栄〟を優先して行動するようになると、自分が大切にしていた価値観やアイデンティティを見失います。

私は「人と共に生きる仕事がしたい」と言いつつも、ある時期には、成功者にばかり擦り寄り、そうでないと感じる人を勝手に見下していました。これは「偽の感情」に基づいた行動で、結果的に〝人が好き〟〝人を大切にしたい〟という自分のコアバリューを、自ら傷つける矛盾を抱えていたのです。

こうした状態が長引くと、やがて「自分はいったい何がしたいんだろう……」「なんだかいつもモヤモヤする」という〝満たされない感覚〟が積もっていきます。偽の感情は一見ポジティブでも、内側から自然に湧いてくるわけではないので、長期的には幸福感や充実感につながりにくいのです。

02

潜在意識とアイデンティティ

他人の価値観に染まりやすい私たち

世の中が便利になったのに、なぜ心は満たされないのか？

私たちが生きる現代社会は、昔に比べて便利さが格段に向上しました。交通手段は増え、かつ速くなり、ネットの普及により情報伝達の速さ、手軽さは増し、コンピューターやＡＩの進化といったテクノロジーのおかげで多くの仕事が時短され、働き方改革で残業は減り、ワークライフバランスの意識も高まっています。

周りの価値観と自分の価値観

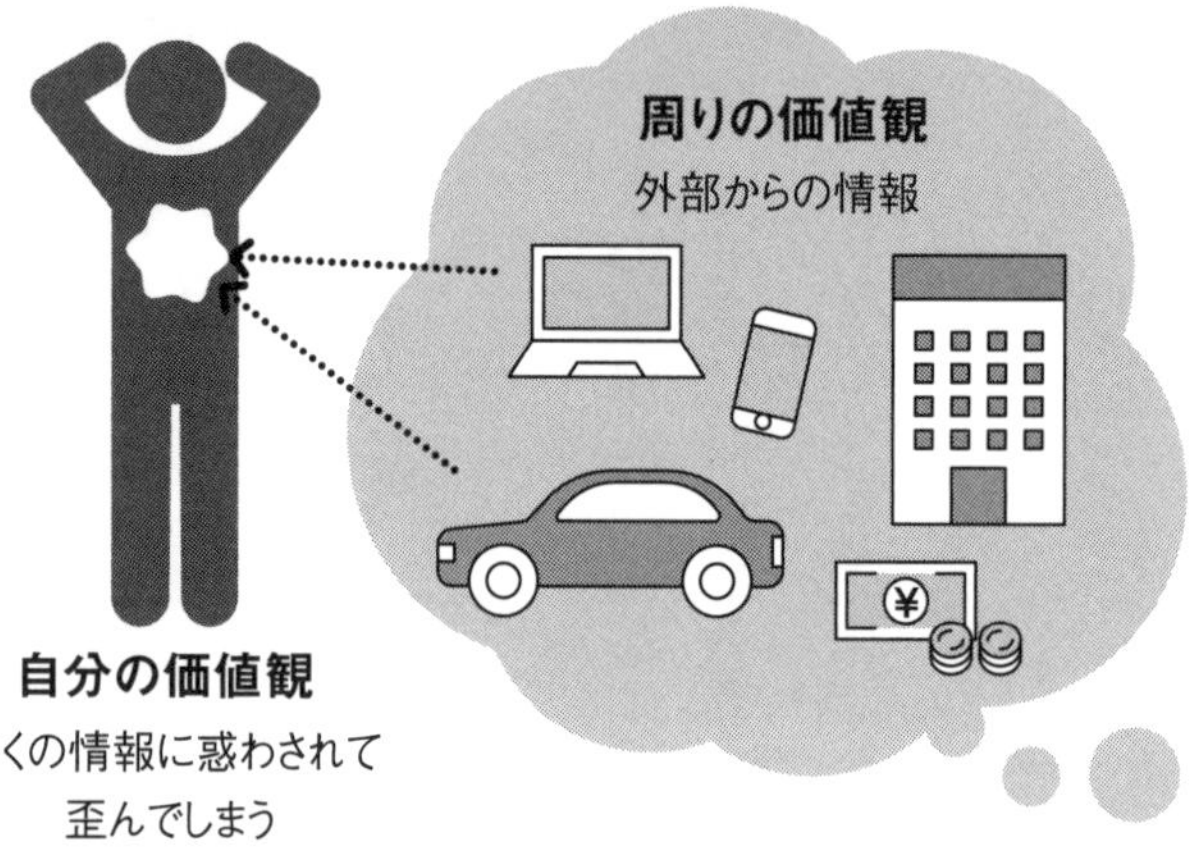

しかし、しかしです……。

昔より圧倒的に物理的な時間は増えたはずなのに、なぜか忙しい、満たされないと嘆《なげ》く人は一向に減らない。

――これはどういうことなのでしょう？

本来、コントロールできない外的要因（国や社会の制度、テクノロジーの発展）は、私たちの生活を豊かにするために整ってきているはずです。にもかかわらず、多くの人は「時間がない」「忙しすぎる」「何だか満たされない」と嘆き続けています。

これこそ、現代社会の大きな落とし穴。

便利なサービスや豊富な情報は確かに私たちをサポートしてくれます。しかし逆にそれらがありすぎるせいで〝自分の軸〟を見失いやすくなっているのです。

世界中の頭のよいマーケターたちが、あらゆる媒体を使って「これがなきゃダメ」「あれを買わないと時代遅れ」と煽《あお》ってきます。そうした外部からの刺激が洪水のように押し寄せ、結局「あれもこれも」と手を出し、結果的に散漫《さんまん》になり、忙しくなり、疲労感が増してしまっているのです。

たとえば先ほどの例に似ていますが、「SNSで流行っているから」「友達がやっているから」という理由だけで新しい習い事を増やし、趣味を増やし、いつしか時間もお金もすり減らし、心を亡くしてしまう……。「本当にやりたいことは何だったのか？」に立ち返れないまま、「周りの価値観」を追いかけ続けるから、心の奥底では満たされない感情だけが募《つの》るというわけです。

知らない世界を知ってしまうと比較対象が増える

ブータンは「国民の幸福度が高い国」として話題になったことがありました。

一時期は〝世界で一番幸せな国〟なんて呼ばれたことも。しかし近年は、世界各国がブータンに注目し、ブータンの人たちもネットやメディアを通じてさまざまな外国の暮らしを知る機会が格段に増えました。

その結果、自分たちにはなかった物質的豊かさや、多様なライフスタイルを目の当たりにし、「あれ、もしかして私たちはそんなに幸せじゃないのかも……」と思う人が増えたそうです。

比較対象が増えると、それまで「これで十分」と思っていたものも、「世界にはもっとすごい暮らしがあるんだ」と知ってしまう。すると以前なら感じていた幸福感が霞《かす》んでしまう――まさに〝他人の価値観〟を知ることで起きるパラドックスでしょう。

これは私たちの生活にも当てはまります。SNSで素敵な景色のリゾートホテルに滞在している友人の投稿を見れば、「そっちのほうがよいなぁ」と感じ、自分の暮らしが色褪《あ》せて見えてしまう。世界が便利になるほど、情報が増えるほど、本来はより自分に合うものを探せるはずが、逆に「自分で判断しないまま他人の真似をする」習慣が根づき、満たされずに終わってしまうのです。

03

あなたにとっての豊かさは何か 自分だけの基準を再定義する

他者の成功モデルではなく、自分の軸を作る

「豊かになりたい」という言葉だけを聞くと、どうしてもお金やモノをイメージしがちです。しかし冒頭に触れたように、本質的には〝自分が得たい感情状態を得ること〟が、豊かさの正体だと私は考えています。

ここで「感情の可視化」から導かれるのは、「自分の欲しい感情が何なのか」、逆に「どんなことをしているときに不満や虚《むな》しさを感じるのか」をはっきりさせることです。他者の成功モデルをまるごと真似ても、あなたが本当に求める

感情を得られるとは限りません。

ある日、私のもとにAさんが相談しにきたことがあります。

AさんはSNSで見た〝ノマドワーカー〟的なフリーランスに憧れ、「自分も海外を旅しながら仕事がしたい！」と行動を起こしました。でも実際やってみると、語学力不足や治安の問題、家族との距離感などに強いストレスを感じ、「こんなはずじゃなかった」と後悔することに。

Aさんによくよくヒアリングしてみると、Aさんにとって一番幸福を感じるのは「家族との団らん」「仲間内での小さな成功体験をシェアできる瞬間」など、自分が安心できる場所でのつながりを深めることでした。海外を旅する生活も悪くないけれど、そこに彼が強く惹《ひ》かれていたわけではなかったのです。

こうした事例からもわかるように、「自分だけが求める感情は何か」「それを満たすにはどんな行動がいいのか」を言語化することが大切です。そうして初めて、「誰かが定義した成功」ではなく「自分が定義した豊かさ」へと近づけます。

04

感情の可視化の具体的方法
感情の取扱説明書と評価シート

感情の可視化という名の〝自分マネジメント術〟

「感情の可視化」は私にとって、「自分の感情の取扱説明書＋自分で振り返る評価シートを作る作業」と位置づけています。

●**取扱説明書**：自分はどんなときに嬉しい？　なぜ悲しくなる？ モチベーションが最大化する条件は？……などを整理して、「こういう状態になると自分は力を発揮する／落ち込む」と明文化する。

●**評価シート**：その時々の行動が〝取り扱い説明書〟に合致しているかを日次、週次や月次などでチェックし、必要に応じて軌道修正する。

たとえば飲み会を入れすぎて疲れたなら「飲み会回数を月◯回に抑える」、逆に家族との時間を増やすには「週イチは早帰りデー」といった具合に具体策を立てる。

この2つを回すことで、〝自分の人生を自分でコントロールする〟という自立的なマネジメントが可能になります。

実は企業の人事評価制度に似ていますが、会社の評価基準とあなたが本当に大切にしている価値観がズレていると、そこにフラストレーションが生まれがちに。だからこそ、自分で納得いく〝指標〟を持ち、自分が本当に向かいたい方向へ歩めているかを監督するのです。

感情の取扱説明書のレイアウト例

見開き全体のイメージ　※紙面サイズやデザインは、あくまで「ひとつのサンプル」です。

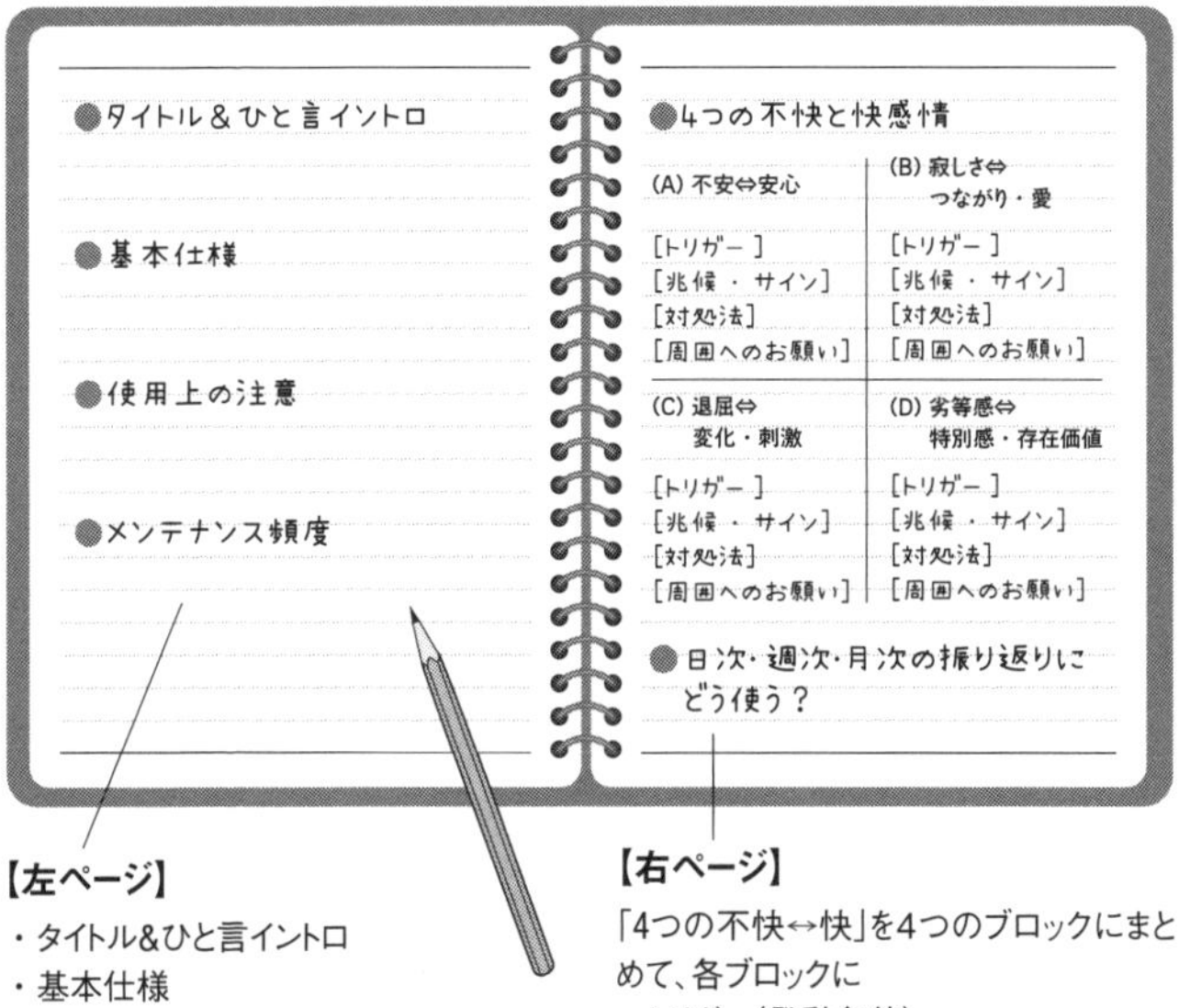

【左ページ】

・タイトル&ひと言イントロ
・基本仕様
・使用上の注意
・メンテナンス頻度
など、全体を俯瞰する短い文章

【右ページ】

「4つの不快↔快」を4つのブロックにまとめて、各ブロックに
・トリガー（発動条件）
・兆候・サイン
・対処法
・周囲へのお願い　などを記載

ページ下部に「日次・週次・月次の振り返りにどう使う?」の簡単ガイドを配置

注意点

- 左ページで「私という人間の基本情報」と「使用上の注意」をざっくり把握し、右ページで4つの不快↔快に関する具体的な対処法と周囲へのお願いを一覧できる構成が望ましい。
- 「私にもできそう」と思うために、項目は少なめ、シンプルかつ身近な表現とする。
- 自分だけが見ることを前提にしているため、正直な感情を書く（他者に誤解されるリスクを抑える）。ただし、見せても困らない範囲でまとめることで、必要に応じて家族や仲間にも共有できる柔軟性を持たせることも。

感情の取扱説明書の記入例①

「タイトル&ひと言イントロ」「基本仕様」例

○○(自分の名前)の感情の取扱説明書と大きく書く

サブタイトルやキャッチコピー。軽いユーモアを添えると、あとで見返したときにも気負わずに読める。自分の傾向を短い文章でまとめておくと、見返すときにすぐポイントがわかる。

●大きなタイトル

「岡城良太の感情の取扱説明書」

●ひとことイントロ

「私はこんな人。
上手に取り扱ってもらえると助かります!」

●基本仕様 ～どんな人?～

項目	記入例(サンプル)
名前・呼び方	岡城良太(呼び名:リョウタなど)
コアバリュー	「愛・貢献・導き・成長・挑戦」
好きなもの	トライアスロン/映画のコメディ/子どもと遊ぶ/ジャーナリング
苦手なもの	突然の予定変更/大勢の前で話すこと(緊張しやすい)
ハマり中の習慣	1日30分の散歩、カフェで本を読む、アロマの香りでリラックス
目指しているイメージ	人と楽しく関わりながら、自分のペースで暮らしたい

感情の取扱説明書の記入例②

「使用上の注意」「メンテナンス頻度」記入例

●使用上の注意

こんなときは要注意

・朝イチで大事な話をされると頭が回らない

・空腹になるとイライラしがち

こうしてほしいと助かる

・結論を先に言ってもらえると理解しやすい

・会話の最後に「不明点ある?」と聞いてくれると整理しやすい

ここではあくまで「自分という人間を上手に扱ってもらうためのヒント」を書く。自分だけが見る場合も、あとで読み返すと「そういえば、空腹に弱いんだよな」と改めて気づきやすくなる。

●メンテナンス頻度

年に1回：誕生日や年末年始に見直す

メンテナンス時期に加えて、アップデート時期も記載。大きな変化（仕事・引っ越し・子育てなど）があったときに書き加えや書き換えを行う。

例：今の職場に変わってから朝型になった

例：子どもが生まれて生活リズムが激変!　改めて苦手や得意が変わった

感情の取扱説明書の記入例③

4つの不快↔快の対処一覧

(A)不安⇔安心

[トリガー]
・締切が迫る／将来の見通しがない／突然の大きな変化

[兆候・サイン]
・胸がざわつく／考えすぎて眠れない／息苦しい感じ

[対処法]
・紙に状況を書き出す／ゆっくり深呼吸3回／誰かに10分だけ相談

[周囲へのお願い]
・話を順序立てて教えてくれると安心
・不安が高まっているときはあまり煽らないでほしい

(B)寂しさ⇔つながり・愛

[トリガー]
・誰からも連絡が来ない日が続く／大勢の中で自分が埋もれる

[兆候・サイン]
・スマホを無意味にいじる／ SNS依存が高まる

[対処法]
・あえて外へ出かけて人の気配を感じる／一人旅ではなく誰かと会う機会を作る

[周囲へのお願い]
・こまめに声をかけてもらえると嬉しい
・遊びの誘いや雑談が意外とモチベアップになる

(C)退屈⇔変化・刺激

[トリガー]
・ずっと同じ作業・変化がない／目標がない

[兆候・サイン]
・朝起きるのがしんどい／時間だけがダラダラ過ぎる

[対処法]
・小さな新規企画を提案してみる／ 1時間だけ新しい勉強をする

[周囲へのお願い]
・何か面白いアイデアを共有してくれると助かる
・チャレンジ目標を設定すると燃えるタイプ

(D)劣等感⇔特別感・存在価値

[トリガー]
・周りがすごい実績を出している／比べられたり指摘を受ける

[兆候・サイン]
・やたら強がる or ひねくれる
・空元気、またはマウント取りたくなる

[対処法]
・冷静に「自分が積み上げてきたもの」を振り返る
・SNSを遮断して自己評価を行う

[周囲へのお願い]
・頑張りが報われている部分を具体的に指摘してほしい
・根拠のない「大丈夫!」ではなく、事実を示してくれると落ち着く

4つのブロックを大きく見せる構成に。各ブロックの見出しを大きく目立つように書き、それぞれ「トリガー」「兆候・サイン」「対処法」「周囲へのお願い」がぱっと目に入るようにレイアウトする。

感情の取扱説明書の記入例④

日次・週次・月次での振り返りガイド

●日々のモーニングチェック

・朝起きて1分で、「今、どの感情の不快が強めか?」を意識する。

・不安なら「焦りすぎているかも、まず呼吸を深めよう」、退屈なら「今日は何か新しいことできる?」など、日々に活かす。

●週次・月次の自己評価

・「一番多かった不快はどれ? それを快に変えるためのアクションをどれくらい実行できた?」など、実績を振り返る。実行度を自分なりに○や×でつけるだけでもOK。

●他者に見せる場合

・必要なところだけを見せ、「こんなときはこう接してほしい」と共有する。家族・パートナー・チームメンバーと一緒に作ると理解が深まる。

05

言葉にする機会を作る

盲点を可視化する10点満点ゲーム

盲点の可視化 ——現在地を知る

〝盲点の可視化〟とは、自分の行動や感情を意識的に言語化・数値化してみることを指します。

多くの人は「自分のことは自分が一番わかっている」と思い込んでいますが、実際には「当たり前にやっている行動」や「自分が当然だと思っている感覚」は意外に無自覚だったりします。

娘たちとの10点満点ゲーム

先日、娘の誕生日を祝いながら家族で食事をしていたとき、「今まで体験したことやものを、自分の基準で10点満点評価するとしたら?」という話題で盛り上がったことがあります。

「今まで観た映画で10点はどれ?」

「過去に行ったレストランで、完璧に満足した10点の店は?」

それぞれが勝手に「あの映画なら10点に違いない」「このレストランが10点だろう」と当て合ったのですが、意外なほど当たらないのです。

私は「娘は絶対◯◯の映画を10点と答えるはず!」と親の目線で思い込んでいたものが、実際は「うーん、それ8点かな……」と返ってきたり、全然違う作品を挙げたりするわけです。私や妻が大絶賛する映画やレストランも子どもたちにはそこまで響いていないことが判明しました。

一方で、娘が「この映画は10点だったよ!」と評価した作品は、私にとっては「面白かったけど正直6点くらいかな……」というものだったりする。

これだけ見ても、私たちが親として〝当たり前に思い込んでいた感覚〟と子どもたちの本音は、けっこう違うという事実が浮き彫りになったのです。

これはある日の娘とのエピソードですが、私と娘ではなぜこんなに認識が違うのでしょうか？

それは、それぞれが「10点」の基準や判断材料を曖昧《あいまい》なまま抱《かか》えているからです。私自身「娘はきっとコメディ系が好きだろう」「このレストランの雰囲気が最高にツボのはず」と思い込んでいましたが、蓋《ふた》を開けてみれば「あの場面がちょっと怖かった」「登場人物が多すぎて落ち着かなかった」など、娘ならではの理由があったわけです。

ただし、この出来事から得られるものも大きかったのです。

それは、こうした〝言葉にする機会〟を作ったことで、「ああ、子どもたちはこういうポイントを大事にしていたのか」「妻はこういう空間が落ち着くのか」「私は逆に◯◯を重要視しているのか」といった〝盲点〟が可視化されたからです。

10点満点ゲームの議題サンプル

- 今まで観た映画で10点満点の映画は?
- 今まで行ったレストランで10点満点の店は?
- 「家族で過ごす時間」の10点満点評価は?
- 最も感動した出来事は何だったか?
- 理想的な「仕事の成果」を10点満点で評価するなら?
- 「休息とリラックス」を10点満点で評価するなら?
- 理想のデートスポットで10点の場所は?
- 「自分のライフスタイル」における10点満点の基準は?
- 10年前の自分を10点で評価するなら?
- 「完璧な一日」が10点満点なら今日は何点?

それさえわかれば、次に「家族で食事へ行くときはどんなお店を選べばお互いにハッピーか？」という計画を立てやすくなります。

逆にいえば、こうしたやりとりをせずに、親が独断で「ここがいいに決まっている」と連れていくと、「イマイチだった」という状態が続くかもしれません。

この「10点満点ゲーム」は、まさに〝盲点の可視化〟を家族で楽しみながら実践している例といえます。一見ささいな会話ですが、「自分は当たり前に好きだと思っていたもの」を家族にとっても同じ価値だと決めつけていた盲点があぶり出されるのは、大きな収穫なのです。

06

見える化することで気づく意外な真実

盲点を可視化する具体的な手法

言語化・数値化・客観視
3つのポイント

①時間とお金を〝見える化〟する

よくある例ですが、家計簿やレコーディングダイエットのように「何にどれだけ使ったか」「自分が何を食べたか」を書き出してみると、想像以上に〝無意識〟な行動が多いと気づきます。

たとえば「月に一度くらいしか外食していない」つもりが、実際は週2回も行っていたり、「間食はほとんどしない」と言いながら1日3回もおやつを食べていたり。数字で見ると衝撃的です。

私自身も、日々の仕事が忙しくて〝長時間労働〟を自覚していなかったのに、実際に1日あたりの労働時間を集計すると、「14時間も働いている日がザラにある！」と驚愕した経験があります。

②偏った感情ログをあえて書き出す

「今日ムカッとした出来事」を記録するだけでも、〝今まで無意識にスルーしていた不快ポイント〟がわかります。

あるいは「今日一番嬉しかった瞬間は？」などを日記に書き留める習慣を作れば、自分がどんな要素に幸福を感じるかを再確認できます。

こうした〝客観的ログ〟が手元にあるだけで、あとで振り返ったとき「ああ、このとき私はこんなことで怒っていたのか」と理解でき、「どうしてそう感じたのか？」「次はどう対処する？」と改善策を考えるきっかけが得られます。

盲点に気づくための3つのアクション

①言語化
言語化とは相手にわかるようにアウトプットすることだが、その過程において感覚を理論的に整理する必要がある。

②数値化
抽象的な概念や物事を具体的な数値で表現すること。
これにより、主観的な要素を取り除き客観的な情報に変換することが可能となる。
また、他者に情報を伝達しやすくなる。

③客観視
自分自身に直接関わる事柄を、第三者的な立場で見ること。また、利害や感情などを除いた観点で状況を見ること。

③家族・仲間との言語化ゲーム

前述の「10点満点ゲーム」だけでなく、日常会話の中で「ねえ、今日の仕事は何点だった？」とか「昨日のドラマは○点」など、小さなテーマで評価や感想を言い合うのも一種の盲点可視化法です。

自分が当たり前と思い込んでいることと、相手の評価が全然違ったりするので、「なるほど、そこがポイントだったのか」と新たな発見があるでしょう。

この自分の考え、つまり主観を客観視することで違った感覚で物事をとらえることができます。

07

〝できない〟を〝できる〟に変えていく
不可の可能化を繰り返す

できないことを認め、できることから小さな成功体験を積み重ねる

〝不可の可能化〟とは「最初は無理だと思える目標を、小ステップに区切って取り組むうちに到達可能にしていく」ことです。盲点の可視化で現在地が判明したら、そこからゴールに向けての距離や方法を探り、小さな成功体験を積み重ねます。

①現在地の把握

時間ログ・家計簿・感情ログなどで「今どこに立っているのか」を確認。

②ゴールの仮設定

たとえば「毎朝30分運動する」「3カ月で◯kgやせる」「仕事を早く切り上げて週1日は家族デーを作る」など、具体的な目標を立てる。

③小ステップに分解

毎朝いきなり30分走るのが難しければ、「まずは15分ウォーキングから」「エレベーターを階段に変えるだけ」などハードルを下げる。

④振り返りと微調整

外的要因や体調などで目標がズレるのは当たり前。ズレたら立ち止まって修正する。そのサイクルを続けると、「できないと思っていたこと」が意外に難なく達成されることがある。

こうして不可の可能化を繰り返すと、〝自分の可能性〟が自然に広がり、自信がついてきます。さらに、そこで得た成功体験を家族や仲間と共有すれば、チームや家族全体で前向きなエネルギーを分かち合うこともできます。

COLUMN

飛行機のメタファー
計画どおりにいかなくて当たり前

「飛行機は計画どおりの航路を飛んでいると思われているけど、実際には風や天候の影響で常にズレている。むしろズレることを前提として微調整を繰り返しながら目的地へたどり着く」というたとえ話を、私はよく使います。

これは人間の人生でも同じで、どんなに計画を立てても、外的要因（天候のような予想外の出来事）や内的要因（モチベーションや健康状態）などでズレるのが当たり前。ズレるたびに小さく修正し続けられるかどうかが鍵なのです。

感情の可視化で自分の“取扱説明書”と“評価シート”を持ち、家族との言葉のすり合わせ（盲点の可視化）をしておけば、飛行機の軌道修正と同じように「ちょっとズレた→じゃあこうしよう！」という行動が素早くとれます。

いきなり完璧を求めず、ズレることを前提にコンスタントに調整する――これが右肩上がりで成長していくためのコツなのです。

08

盲点をあぶり出す

日常生活に潜むズレにいかに気づけるか

日常に「10点満点ゲーム」を取り入れてみよう

最後に、「10点満点評価ゲーム」のエピソードを思い出してください。

・〝家族が全員ハッピーになるレストラン〟だと勝手に思い込んでいた場所が、妻にとってはそこまで嬉しくなかった。

・子どもが好きだと思っていた映画が、実はそこまで好評ではなかった。

こうした〝ズレ〟は生活のあらゆる場面に潜《ひそ》んでいます。でも、それを気づかずに「まあ自分が選んだ店ならみんな満足だろう」「娘は絶対この映画が好き」と思い込んでいると、いつか誰かが不満を募《つの》らせたり、誕生日や旅行が台無しになったりするかもしれません。

これこそが盲点であり、〝可視化〟の意義でもあります。今回の家族エピソードではゲーム感覚で話し合っただけでも、「私ってここが嫌だったのか」「子どもはこんなところを見ているのか」と互いに理解が深まりました。

同じことは仕事でもいえます。上司や同僚がお互いに「きっとこれがベストな進め方だよね」と決め込んでいる部分を、試しに評価し合ってみると、予想外の意見が出たりする。そこに新しいアイデアが生まれることもあれば、「それはちょっとやりすぎだよ」と赤信号が灯《とも》ることもある。

感情の可視化を通じて、盲点をあぶり出す+不可を可能に変えていく。このサイクルが習慣化されれば、忙しい現代社会でも「本当は何を大切にしたいのか」「自分や仲間はどんな感情を求めているのか」を軸に行動できるようになります。便利な環境に流されず、自分の足で立ち、自分の舵を取る感覚を取り戻す。それこそが「心が満たされる」実感を得るための第一歩なのです。

COLUMN

「心が満たされない……」と嘆く理由

結論からいえば、物理的な進化は私たちの環境を豊かにしたものの、“自分の心”を扱う術を育む時間や機会が十分でなかったからだと考えられます。

・自分の時間は増えたはずなのに、SNSや娯楽に費やして気づけば1日が終わる。
・長時間労働は減ったはずなのに、どこか満足感が得られず「もっと稼がなきゃ」「もっとスキルアップしないと置いていかれる」と常に焦燥感がつきまとう。
・テクノロジーの進歩で遠隔会議や在宅ワークが増えたのに、人との距離はかえって感じるようになった。

これは「外的要因の発展」に見合った「内的スキル（自分をコントロールする力）」が育っていないことが原因でしょう。あまりにも情報があふれているせいで、その扱い方、優先順位のつけ方、そして自分の感情を整理する方法を学ぶ機会が少なかったのです。

CHAPTER 1　まとめ

過去は変えられないけど、過去の認識を変えれば未来は変わる

本章では感情について学んできました。感情は自分のものでありながら、なかなか理解できず、その感情によって振り回されてしまうものです。本章のおさらいとして、自分で自分を扱うための5つのステップをみていきましょう。

①本当の感情と偽の感情を整理する
②潜在意識は他者の価値観に染まりやすいことを理解する
③盲点の可視化と不可の可能化を意識する
④計画通りにいかないのが当たり前と考える
⑤〝自分の心を扱う術〟を磨くことに注力する

感情の可視化は、まさにその〝認識を変える〟ためのツールです。自分の気持ちを言葉や数字で客観化し、軌道修正できるようにする。そうすれば〝今のままではダメだ〟と落ち込む必要もなければ、〝根性が足りない〟と自分を責める必要もありません。飛行機が風で流されても戻るように、私たちも揺らぐ

まとめ

感情を微調整しながら理想のゴールを目指せるのです。

次章以降では、ここで提示した「感情を可視化する」実践法をより細かく、具体的なステップに落とし込んでいきます。もし「私にはできるかな……」と不安に思っても大丈夫。あののび太くんだって、ドラえもんの道具の力だけでなく、〝自分のやりたいこと〟をはっきり意識した瞬間に行動が変わります。

あなたが〝自分の本当の感情〟に気づき、〝偽の感情〟の存在を受け止めれば、きっと「自分が何を本当に大事にしているか」が見えてくるはず。そしてその先に、あなただけの豊かさや幸せの道筋が広がっていくのです。

CHAPTER 2

感情の可視化をするとどうなるのか？

——人生のコアバリューが見つかる

この章であなたが学ぶのは、「自分の感情を自分で扱う」ための土台作りです。４つの不快と快を丁寧に扱い、言葉の整合性と階層をチェックし、星形アプローチの中央に自分のコアバリューを置く。すると、人生のあらゆるシーン（家族、仕事、趣味、学び、地域活動など）で迷いが激減し、行動が自然に自分の望む方向へつながるようになります。

「４つの不快と快」を整合性・階層とともに言語化して、感情の可視化をする。これだけ聞くと「難しそう……」と思うかもしれませんが、実はすごくシンプルな作業の集合体です。

日常生活のさまざまな場面で『今、自分は何が不快？　どういう快を求めている？』『この行動はコアバリューに合う？』と問いかけ、答えを言語化するだけ。

もちろん、最初は面倒に感じることもあるでしょう。でも、面倒な中にこそ宝が眠っています。外部の環境や便利さだけに頼っていては「満たされない」「忙しい」のループに陥る可能性が高いのです。

01

やりたいことや行動を明確にする

コアバリューを星形アプローチの中心に定める

星形アプローチに役割や感情を据える

コアバリューとは「中核となる価値観」であり、人が日々生きるうえで判断を下したり、優先順位を定めたりするうえでの「ものさし」になるものです。

一般的にコアバリューは、「企業」という組織において用いられがちです。価値観を共有することによって、結束力の高い組織を作ることができるからです。ただし、このコアバリューは企業にだけ適用されるものではありません。

コアバリューは、一人ひとりの内面（感情意識）と直結しており、他者が定めて押しつけるものでもなければ、周囲の意見を寄せ集めるものでもないのです。

そこでイメージしてほしいのが「星形」や「六角形」の図です。5つ、あるいは6つの角があって、それぞれがあなたのさまざまな「役割」や「感情軸」を示すとしましょう。

たとえば五角形なら「家族での役割」「仕事上の立場」「地域活動やボランティア」「趣味・学び」「仲間と共有する場」など。六角形なら、もう1つ追加して「健康管理」を加えてもいいですね。

星形でも六角形でも構いませんが、真ん中（中央）に〝コアバリュー〟を据えるのがポイントです。つまり、人間には多面的な役割や感情があるけれど、どの方向（角）から行動を起こそうとしても、「ちょっと待てよ、これは自分のコアバリューと合っているのか？」と中央に立ち返って確認できる状態を作ること。

これがトップダウンともボトムアップとも違う〝星形アプローチ〟です。

個人の星形アプローチと六角形アプローチ

●星形アプローチ

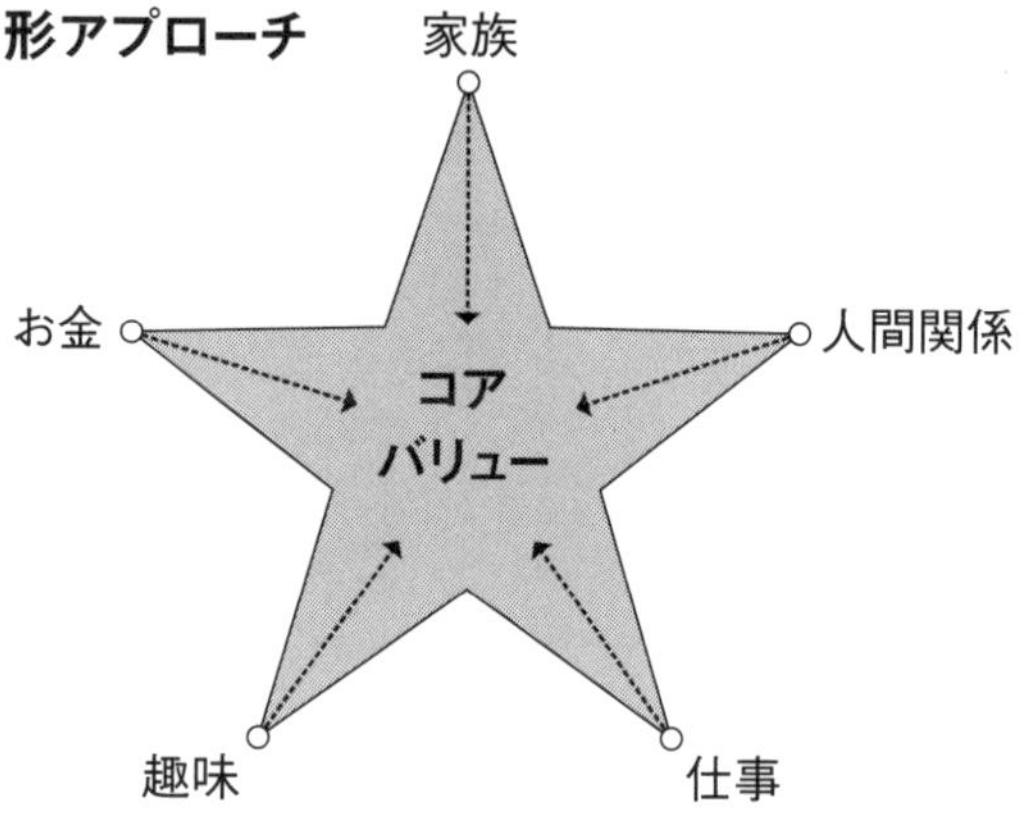

●六芒星アプローチ

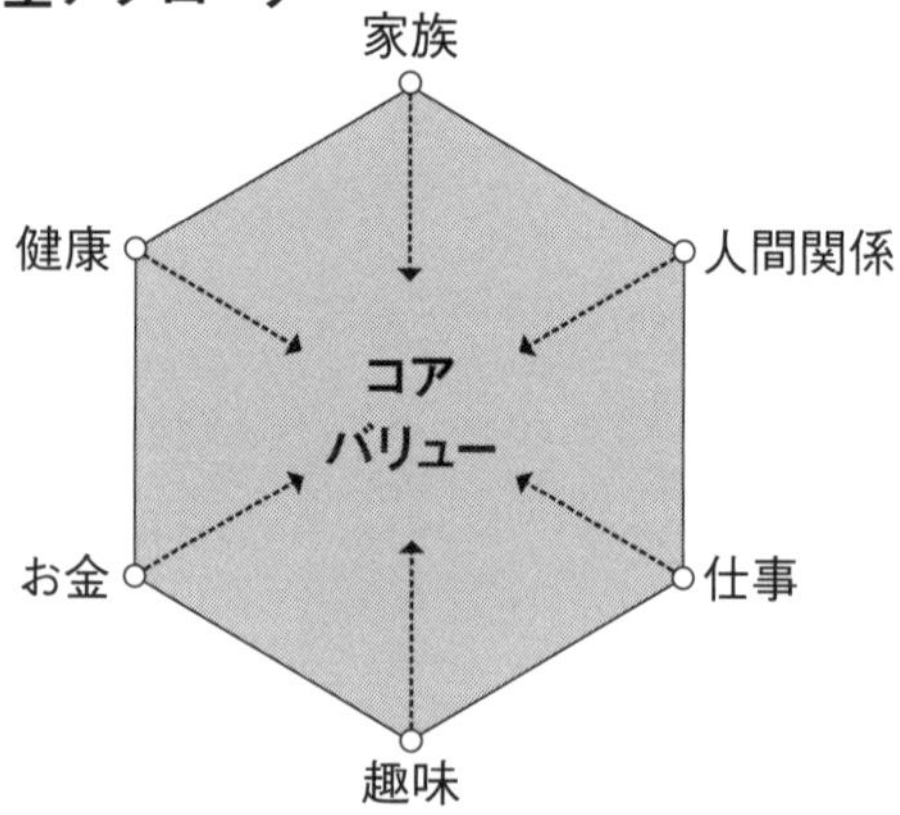

私たちは感情に基づいて行動しがちだが、感情はその時々でとてもブレやすいもの。しっかりとしたコアバリュー（価値観）を定めることで、感情に左右されない意思決定・行動指針が生まれる。

星の中央のコアバリューが一貫性を保つ

会社組織でも、家庭でも、個人の生き方でも、「必ず中央のコアバリューに戻って最終チェックする」というルールを作れば、指示が上から降りてくるのを待つわけでもなく、下が勝手に暴走するわけでもない。それぞれが自分の角（状況）に応じて考え、「コアバリューと整合性があるか」を常に意識できます。

たとえば家庭でも「休日に家族みんなで過ごすか、それとも趣味のツーリングに行くか？」で迷ったとき、星形の中央にあるコアバリューが「家族との絆」なら、迷わず「今は家族を優先しよう」と結論が出るでしょう。

逆にコアバリューが「挑戦・成長」であれば、「今は趣味のツーリングでリフレッシュし、新たな刺激を得るのが自分らしい選択かもしれない」と思えるかもしれません。

このように、コアバリューが意思決定のフィルターとして機能するわけです。

COLUMN

企業という組織形態
「ピラミッド型」という思い込み

組織論やリーダーシップ論を考えるとき、私たちはつい「ピラミッド型」の図を連想しがちです。会社なら社長がトップにいて、その下に役員や部長、課長が続き、いちばん下に平社員がいる——いわゆるヒエラルキー（階層制）の絵が浮かぶはずです。指示はトップから下へ（トップダウン）降りてくる。

一方で、近年は「現場の声を吸い上げよう」というボトムアップも盛んになりました。現場社員やスタッフが提案して、それを上の人間が承認して制度化していく。ただ、どちらがいいか悪いかという二者択一論になりがちです。

トップダウン：社長やリーダーが“強い意志”で引っ張るイメージ

ボトムアップ：現場が自発的に動き、組織を変えていくイメージ

しかし、“コアバリュー”を見つけるうえでは、トップダウンでもボトムアップでもない、まったく異なる発想が大切になるのです。

02

ゴールに到達するための準備と手段

コアバリューの設定は、立体的に考える

どの山に登るか？ 登山を例にコアバリューを考える

「人は目標を決めずにがむしゃらに走ると、いつの間にか全然違うところへ行く可能性がある」

これはよくいわれる話です。ぼんやりとしたゴールを設定すると目の前のことにがむしゃらとなり、気づくと自分の思い描いていた理想ではないことに躍起になってしまうのはよくあります。では、なぜそのようになってしまうので

しょう。登山でたとえるとわかりやすいです。

「とにかく山に登るんだ！」と気合いだけで突っ走ると、実際に入山したときに「雪山装備が足りない」「酸素が薄すぎる」という致命的な問題にぶち当たるかもしれません。たとえば、日本の富士山に登るのか、海外のエベレストに挑戦するのかでは、手続きや準備、また装備も費用も大きく異なります。

これは人生でも同じです。まずは「どの山を登るか（どんな人生を送りたいか）を最初に決めておく」ことです。そうしないと途中で方向がズレていることに気づかないまま時間やお金、体力や情熱を使い果たすリスクがあるのです。

飛行機にいくら乗っても月に行くことはできない

もう1つわかりやすい比喩が、「飛行機」と「月」の話です。

飛行機は空を飛ぶ乗り物だから、「飛行機にさえ乗っていれば空の彼方に見える月へいつか行けるのでは？」と素朴に考える人がいます。でも、月へ行くにはロケットが必要であり、そのための機材や専門施設、燃料、宇宙空間に対する装備など、飛行機とは次元が違う準備が必要です。

これは「とりあえず空を飛べれば同じ延長線上に月があるはず」と思い込み、最初の目標設定（コアバリュー）を誤った例。飛行機をいくら使っても月には行けないのです。

人生でも「とりあえず会社勤めしていれば、そのうち自分のやりたいことが見つかるはず」と思い込んで、気づけば10年20年が経過してしまうケースがあります。それで結果オーライな人もいるけれど、多くは「こんなはずじゃなかった……」と後悔する。

最初に〝月へ行く〟と決めていれば、もっと早い段階で必要な行動を取れたかもしれません。

これがコアバリュー設定の重要性を示す例でもあります。

03

星形アプローチで実感する
コアバリューの
重要性と判断基準

日常生活での変化
判断がラクになる

たとえば星形アプローチの中央に「愛・貢献・導き・成長・挑戦を感じ、楽しみ、それを届けること」というコアバリューを据えたとします。すると、どの角から行動しても、「自分のコアバリューと合致してるか?」を問うことができます。

たとえば、

・仕事で新しいプロジェクトを任された→「これは愛や貢献、成長につながる内容？　そうなら全力投球しよう」
・家族との関係でイライラした→「自分は愛やつながりを大事にしたいんだよな。ならひと呼吸おいて、相手の気持ちを聞こう」
・休日に刺激が欲しくなった→「成長や挑戦につながるアクティビティをやってみたい。誰かに強制されているわけでもないし、自分で選択したい」

こうすると一貫性が保たれ、いちいち悩まなくてもスッと方針が決まります。そして何より、自分で選択したことなので、納得感があるのです。

感情は刻々と変わります。今日〝退屈〟だと思っていても、明日は〝寂しさ〟を感じるかもしれない。しかしその都度、コアバリューという基準に照らして行動できるからこそ、ブレを最小限に抑えられるわけです。

もしコアバリューがなければ、退屈だと「ただの浪費的な遊び」に走り、寂しいと感じると「無理にＳＮＳやパーティに参加して空虚感を募らせる」――というい具合に、気分次第の行動になりかねないのです。

COLUMN

守破離と星形アプローチ

茶道や武道などの世界で有名な“守破離《しゅはり》”という言葉があります。

守：まずは先生や流派の型を守る。いわれたとおりに忠実に学び、基礎固めする。
破：次第にその型を破って、自分なりの工夫を加え始める。
離：最終的には型を離れ、自分独自の流儀を完成させる。

感情の可視化でいうと、「4つの不快と快」という型をまずは守り、そこで得た洞察を使って自分のコアバリューを再定義しながら“破”の段階に進む。そしていずれ“離”の段階では自分なりの言語化フレームワークができ、「もう不快と快を意識しなくても、自分はこう動く」と身体化されるかもしれません。

星形アプローチにも「最初は図解を使って中央にコアバリューを意識するが、慣れてくると頭の中だけで瞬時に『あ、これはコアバリューと違う』と判断できる」という守破離的なプロセスがあるのです。

04

感情を整理する4つの不快と快を言語化する

コアバリューは自分の人生の羅針盤

本章のテーマは、「4つの不快と快を整合性と階層を揃えて言語化し、感情の理解を深めると、なぜ人生の羅針盤＝コアバリューが見えてくるのか？」です。

コアバリューとは、会社や個人が最も大事にしたい〝価値観〟を指す言葉で、あなたが日々生きる中で判断を下すときの〝ものさし〟になります。そこが固まると、日常行動から長期目標、意思決定までがスムーズになりますし、「感情を可視化する」ことが自然に可能になります。

とはいえ「4つの不快と快」「言葉の整合性」「階層理解」と聞くと、初めての人には少し複雑に感じるかもしれません。でもそれを乗り越えると、あなたの感情がすっきり整理され、「なぜ自分はこう感じるのか？」「なぜこれを避けたい、あるいは得たいのか？」がクリアになり、コアバリューが自分の内面から湧き出てくるのです。

4つの不快と快
不安↕安心、寂しさ↕愛、退屈↕刺激、劣等感↕特別感

人間が抱く〝不快感情〟を大きく4つに分類すると、

①不安、②寂しさ、③退屈、④劣等感

です。そして、それぞれに対応する〝快感情〟が

①安心、②つながり・愛、③刺激・変化、④特別感・存在価値

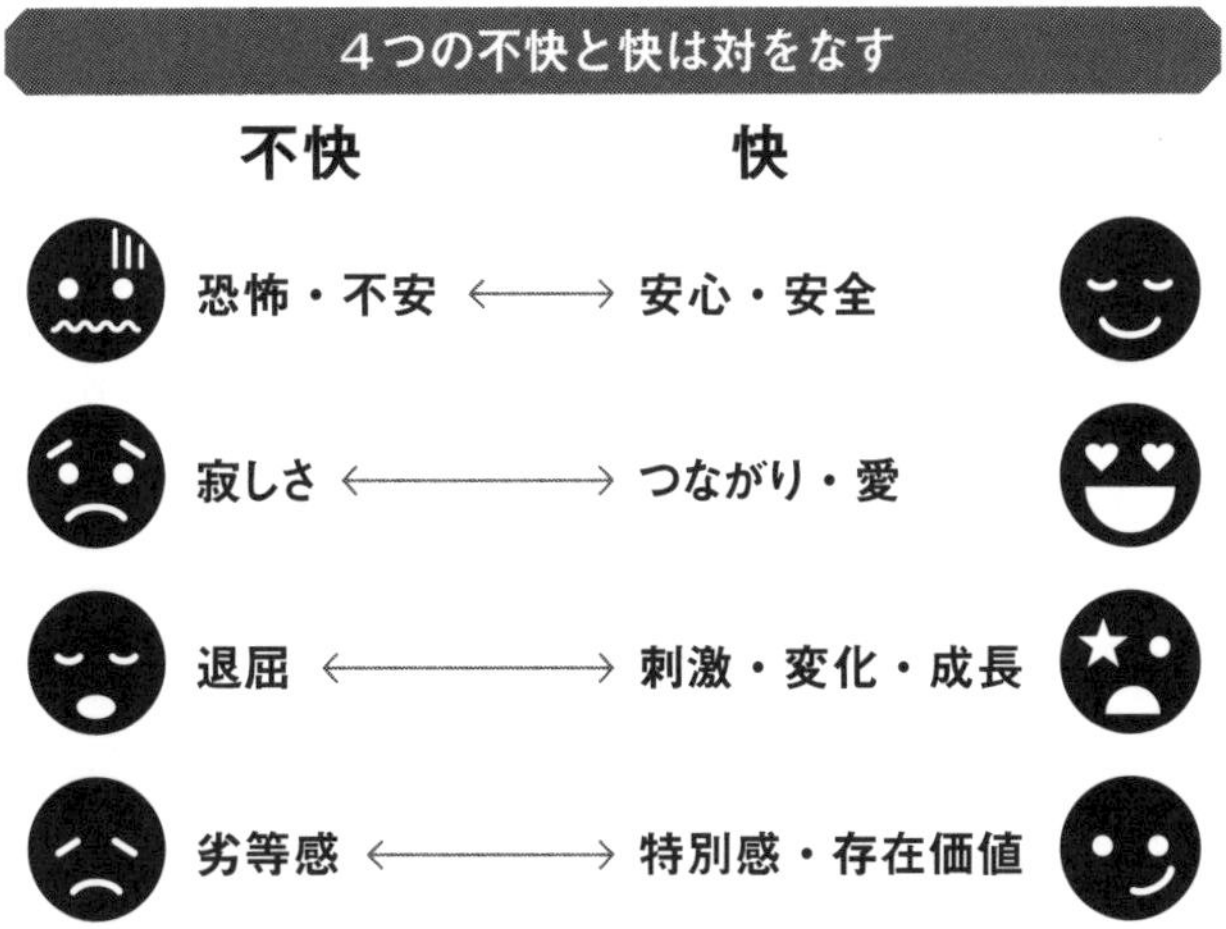

になります。

もちろん個人差はありますし、すべてを均等に感じるわけではありませんが、私たちは日々、どれかの「不快」を「快」に変えることを求めて行動しているという見方ができるのです。

たとえば、

「恐怖」や「不安」を抱えている人は、「安心・安全」を得ようと動く。

「寂しさ」を大きく感じる人は、「つながり」や「愛」を強く求める。

「退屈」を何よりつらいと感じる人は、「刺激」や「変化・成長」に飢えている。

「劣等感」をひどく感じるタイプは、「特

4つの不快と快が循環する

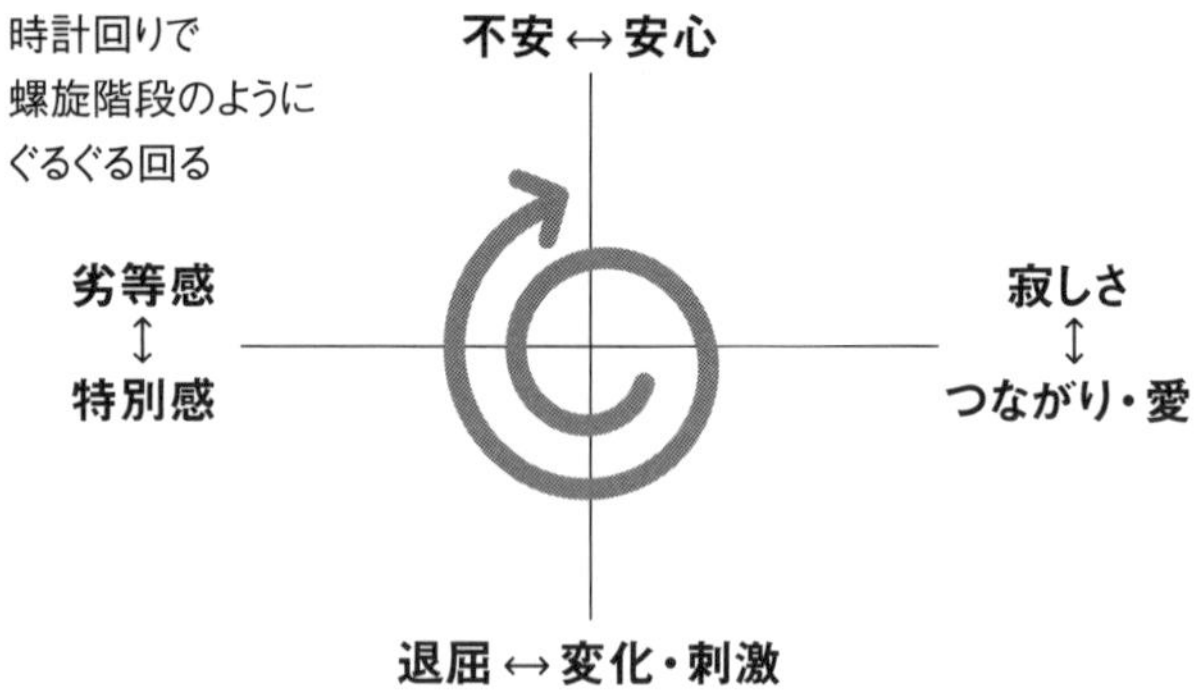

人間は不快感情をいかに快感情に変えていくかで成長する。つまり、不快感情を探しているともいえる。そのため、不快感情を抱えるのは当然のことと考えよう。

別感・存在価値」を得ると満たされる。

そして人間は、この4つの不快と快を螺旋階段のようにぐるぐる回して生きています。

あるとき安心を手に入れたら、次のステージでは寂しさを感じ、寂しさが満たされつながりを感じると、退屈が出てきて刺激を求める。刺激を十分味わうと、ふと劣等感に陥って特別感を得たくなる。特別感を得られても、やがて「これをずっと維持できるのかな……」という不安に舞い戻る

——このように不快を快に変えることを循環することで人は成長していくわけです。

05

「安心感」「一体感」「成長」「存在価値」4つの不快・快感情の意味を知る

漠然とした感情を解像度高く理解する

私たちが日常で感じる「安心感」「一体感」「成長」「存在価値」といった感情は、抽象度が高く、漠然と捉えがちです。しかし、これらの感情をより解像度高く理解し、適切に扱うためには、それぞれを分解し、構成要素を明確にすることが重要です。

たとえば、「安心感」とは単なる心の安定を意味するのではなく、その内側には「不安」と「安心」という2つの感情が共存しています。私たちは、完全に不安がない状態を求めがちですが、実際には不安を感じるからこそ、安心を求め、その状態に価値を見出すのです。この両者のバランスを理解することで、安心を得るためにどのような行動を取るべきかが明確になります。

同様に、「一体感」という感情の根底には、「寂しさ」と「つながり・愛」という対の要素が含まれています。人は寂しさを感じることで他者とのつながりを求め、愛情や絆を築こうとします。このプロセスを無視して、ただ「一体感が欲しい」と思っても、それがどのような行動につながるのかが見えてきません。寂しさを感じたときに、それをどう埋めるのかを意識することが、一体感を得るための適切な行動へとつながるのです。

さらに、「成長」という感情には、「退屈」と「変化・刺激」が含まれています。退屈を感じるからこそ、人は新しい挑戦や変化を求め、刺激を得ようとします。しかし、ただ漠然と「成長したい」と思っても、それが具体的にどのような形で現れるのかがわからなければ、方向性を見失ってしまいます。自分が退屈を感じる場面を振り返り、それを乗り越えるためにどのような変化が必要かを考えることが、成長を促す鍵となるのです。

最後に、「存在価値」とは、「劣等感」と「特別感」が包含された感情です。劣等感を感じることで人は努力し、自分の特別な価値を見出そうとします。特別感だけを求めるのではなく、劣等感を受け入れ、それをどのように変えていくかを意識することが、真の存在価値を築くために不可欠なのです。

このように、私たちが漠然と抱く感情は、より細かい構成要素を持ち、それぞれが対となって作用しています。感情の可視化を行う際には、まずこの分解のプロセスを経て、自分がどの感情のどの側面にフォーカスすべきかを理解することが大切です。そうすることで、自分の本当の感情に気づき、それを適切にマネジメントする力を養うことができます。

06

4つの不快と快がもたらす絶対評価（自分軸）と相対評価（他人軸）

絶対評価とは過去の自分との比較
相対評価は他者や環境との比較

絶対評価とは、自分自身の基準で評価することです。これは自分の過去と現在を比較し、どれだけ成長したかを評価します。自分がコントロールできる領域であり、他者や外的要因に依存せず、自分の内面的な状態を基準にする評価方法です。

たとえば、前述の4つの不快・快感情の不安↕安心や退屈↕変化・刺激・成長の感情は、自分の行動や思考、状況に依存します。自分が努力することで、不安を安心に、退屈を変化・刺激・成長に変えることが可能です。この変化は、他者の影響を受けることなく、自分自身の選択と行動によって引き起こされるものです。自分の行動と考え方を評価し、成長を感じるためには、過去の自分との比較が不可欠です。

具体的には、「昨日より少し成長した」「前と比べて安心感が増した」「新しい挑戦をして刺激を感じている」という実感はすべて自分軸の評価です。過去の自分がどれだけ変わり、成長しているかを評価することで、今の自分に対する肯定感や自信が高まります。

一方で、相対評価は他者や環境と自分を比較することです。社会的な場面では、他者との比較が日常的に行われています。たとえば、4つの不快・快感情の寂しさ↕つながり・愛と劣等感↕特別感の感情は、他人と関わることで生まれます。これらの感情は、自分がどれだけ他者とつながっているか、または他者よりも優れているか、劣っているかに基づく評価です。

しかし、この評価軸は自分ではコントロールできません。他人と自分を比較

絶対評価軸を持つ

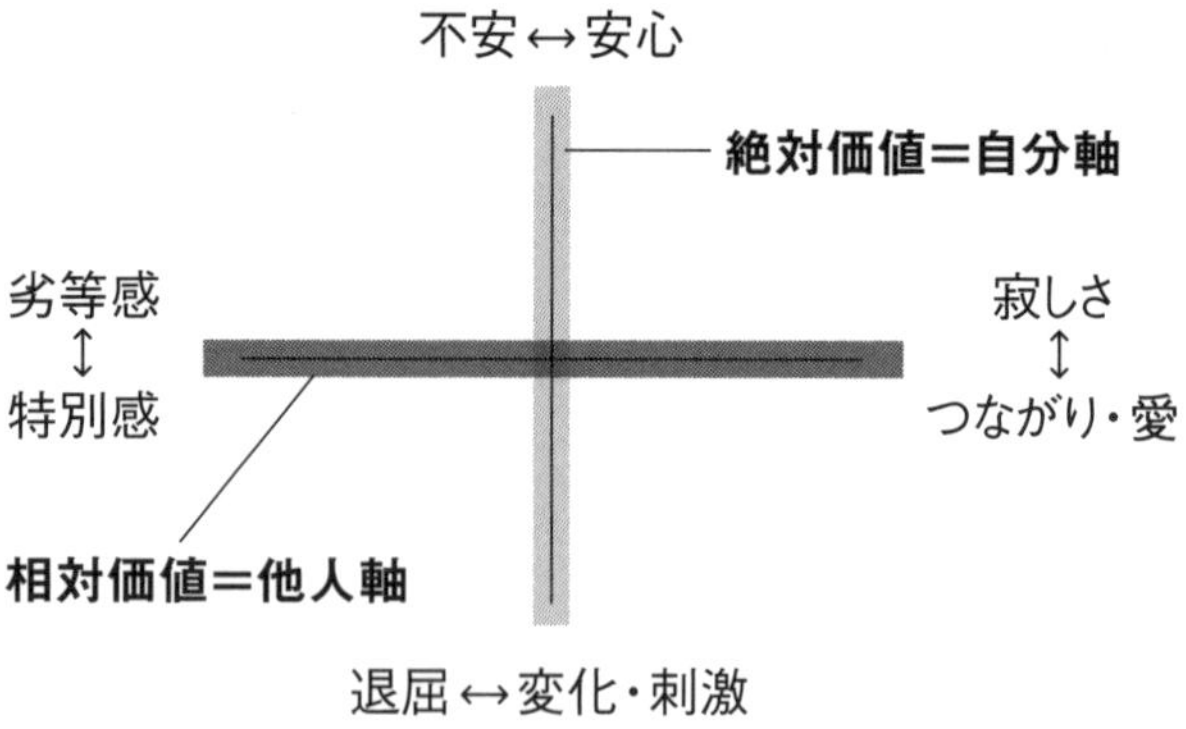

絶対評価と相対評価をバランスよく取り入れることが、人生の成長を促す鍵。自分自身を評価する際に、自分の本当の価値を見失わずに生きることができる。

して劣等感を感じたり、自分が他者より特別であることに優越感を得たりと、他者の影響を受ける部分が大きいのです。このような比較による評価を軸にした行動選択は、しばしば自分の本来大切にしたいコアバリューから外れることになります。

たとえば、「自分より成功している人を見て、自分は何もできていないと感じる」というのは、相対評価に依存しています。こうした外的な基準（他人の成功）に振り回されると、自分のコアバリューに沿った行動が難しくなり、自己肯定感が低下することにつながってしまうのです。

07

言葉の整合性と階層
快と不快のペアを無視すると行動がズレる

言葉の整合性と階層を理解する

4つの不快と快、不安↕安心、寂しさ↕つながり・愛、退屈↕変化・刺激・成長、劣等感↕特別感のペアをセットで扱わないと、「本来の不快が何か」と「快が何か」がズレる危険があります。

たとえば、「不安」を「がんになること」と定義したら、「安心」は「がんにならないこと」になります。それなのに「不安」をなくすために「がん保険に入る」ことを行動目標にしてしまうと、本質的に必要なはずの「健康管理でがんにならない努力」は見落としてしまうわけです。

これを「整合性」といいます。

また、4つの快と不快には「階層」があります。

この「階層」を理解するには、抽象度を上下させ、具体的行動レベルまで落とし込む必要があります。

たとえば「安心を得たい」という抽象的な欲求を、「健康的な生活習慣」とか「定期的な健診」などの具体的行動に落とし込む。一方で、上の階層には「なぜ健康が大事？ 家族に迷惑をかけたくないから？」などが存在するかもしれません。

整合性と階層を丁寧に検討するからこそ、〝本当の不快〟と〝求める快〟がはっきりし、具体的行動が見える化できるのです。

快と不快をペアで考える

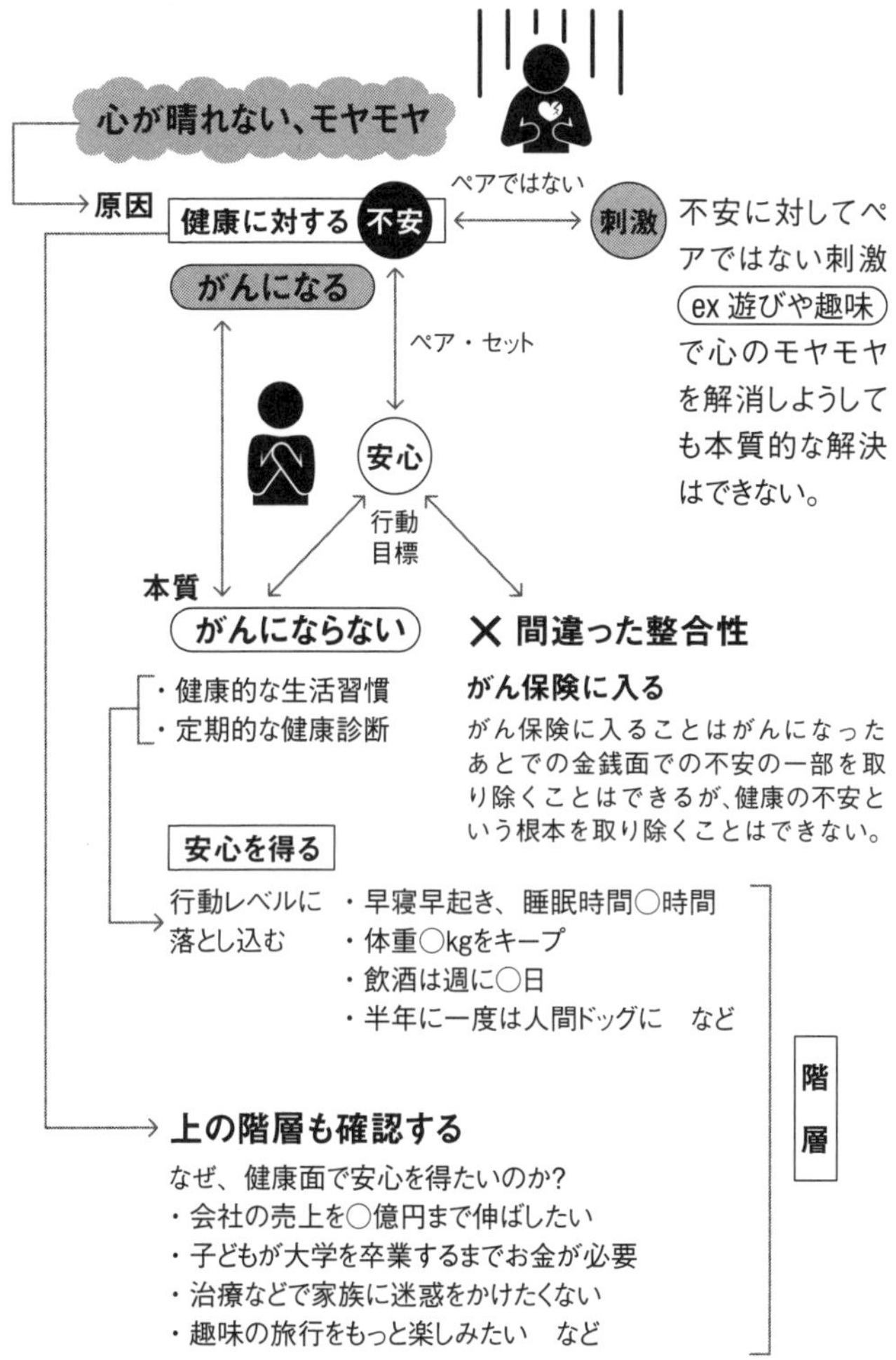

08
4つの不快と快を洗い出す
感情を可視化する整合性・階層をチェック

自身の感情を可視化し、コアバリューを明確化させる

ここで具体的に、4つの不快と快を洗い出す8つのステップを紹介します。ここで重要なのは、わからないことはわかるまで細分化して考えることです。

STEP①紙やデジタルメモを用意

まずはメモ帳、ノート、スマホのメモアプリなど、何か書ける環境を作ります。自分が書きやすい方法で構いません。

STEP②4列or4マスを作り、それぞれに不快のキーワードを書き込む

1列目「不安」、2列目「寂しさ」、3列目「退屈」、4列目「劣等感」と見出しを付けてください。「枠だけ作る」という行為自体が可視化の始まりです。

ここでは深く考えすぎず、ざっくりと4つの見出しを作るだけでOKです。

STEP③その下に自分が過去経験した具体的エピソードをざっと書いてみる

「どんなときに不快な感情が出たか?」を各マスに振り分けていきます。

たとえば、

「不安」欄には「●●年▲月、急な車検代の支払いでお金が足りなくなった」

「寂しさ」欄には「家族とすれ違い生活で、1人での夜ごはんばかり」

「退屈」欄には「仕事がマンネリ化してモチベーションが下がった」

「劣等感」欄には「SNSで同業者が表彰されているのを見て落ち込んだ」

箇条書きで何個でもOKです。「こんなエピソードがあった」と思いつく限り書き留めてください。調子よく書けるものから、気が向くままに棚卸しする意識で進めましょう。

STEP④各不快に対し、どんな快を求めていたか対応を書く

「そのとき、どうだったら満足できたか？」と自問し、快を書き出してください。不快に対して、どんな〝快〟が欲しかったのか？ を具体的に想像します。

不安↓どんな安心を求めた？「経済的安定？ 健康であること？ 良好な人間関係？」

寂しさ↓どういう〝つながり・愛〟が欲しかった？「家族の団らん？ 恋人との時間？ 親友との語り合い？」

退屈↓どんな〝刺激や成長〟が自分の心を満たした？「新しいスキル習得？ 旅？ イベント？」

劣等感↓どんな〝特別感や存在価値〟が欲しかった？「社内で結果を出す？ SNSで称賛される？ 自分だけの作品？」

ここでは「当時、自分がどうだったら満足できたか？」を掘り下げる意識が重要です。誰かが提示する幸せや成功モデルではなく、自分が心から「満たされる！」と思えた快を言語化してみてください。

STEP⑤言葉の整合性を確認する

不快と快がきちんと〝対〟になっているかを見直します。

例：不安を「がんになる」と書いたなら、安心は「がんにならない」になるはず。でも「がん保険に入る」という行動はどの不快と快に紐づいているか、「治療費が心配」に対して「治療費が賄える」が安心というセットで考える。

こんな具合に、「本当の不安は何だったの？」を突き詰めて、不快と快をセットにして考えます。

さらに「いくらあれば安心？」と深掘りし、「何歳から何歳まで？」「年金はどれだけ？」など具体的な数字も視野に入れます。わからない場合は調べる・問い合わせるなどの行動を検討します。抽象的な不安があるときは、「わからないことをわかるまで分けて考える」という姿勢を持って臨んでください。

整合性がとれていない例として、不快感情「子どもの成長が寂しい」↓快感情「成長しないでほしい」はどう考えてもおかしい解答です。このように整合性を疑うことで、本当に言いたい感情（例：子どもと過ごす時間が減った寂しさ）が見えてきます。

STEP⑥階層を下げ（or上げ）て、具体行動・上位目標を探る

「なぜそれを求めるのか？」を自問していき、コアバリューにつながるかを探ります。

たとえば、退屈→刺激の場合、なぜ刺激が欲しいのか？→「自分の成長を感じると喜びがある」。具体的には？→「月イチの新スキル講座に通う」など。

STEP⑦日次・週次で少しずつ実践し、微差を積み重ねる

STEP⑥で得た計画を実際の日常に落とし込みます。

日次で小さなチェック、週次で達成率を振り返り、微調整する。

例：「老後費用がわからなかった→月内に資料請求&親と話す→週1回進捗を確認」「客単価を上げたい→メニューAを300円値上げ→お客様の反応を

1週間観察し、微調整」

このように、具体行動＋短い振り返りサイクルで進めることで、大きなテーマも少しずつクリアになります。ただ、「計画通りに行かなくても当たり前」と割り切り、挫折しても再スタートできるよう週の切り替え・月の切り替えを活用してください。


STEP⑧抽出した共通の感情キーワードをまとめ、コアバリューとして昇華

何度か試行錯誤しているうちに、「私の場合、不安を解消する安心感が最も大事らしい」「私はどうやら退屈→成長の感情がずっと多かった」など、自分特有の感情パターンが見えてきます。それが、あなたの〝コアバリュー〟になるのです。

例：「自分がコントロールできる範囲を明確にしたい人」「常に新しいことを学んで成長感を得るのが好き」など。

〝自分が感じる快〟は〝自分だけの価値〟であり、〝自分なりの幸せや成功〟だと認めましょう。これこそがあなたの人生の羅針盤になります。

感情を可視化できる**キャラクター診断**

4つの不快感情と快感情を掘り下げていくと、
現在の自分の感情がどのような状況にあるかがわかります。
私はその感情を俯瞰的に、また客観視するために、
4つのキャラクターにしました。
この4タイプの概要を見て、
自分の今の感情はどのキャラクターなのかを
確認してみてください。

タイプ1

ハグハグちゃん

対応する感情軸

不安↔安心／
寂しさ↔つながり・愛

キャラクターイメージ

心のどこかに「不安や寂しさ」があっても、安心や愛を得ることで満たされたい。人と寄り添い合うことでホッと落ち着くタイプ。何かあったら「ハグ」や「手をつなぐ」などの安心感がほしい。

特徴的な行動

仲間や家族の存在がとても大切で、「共にいる時間」に幸せを感じやすい。安心できる空間を求める半面、周りに合わせすぎて自分の意見を言いづらいことも。

タイプ2

ワクワクちゃん

対応する感情軸

寂しさ↔つながり・愛／
退屈↔変化・刺激・成長

キャラクターイメージ

人と一緒に楽しんだり、新しい刺激を見つけたりしたいタイプ。「退屈するのが嫌い!」かつ「誰かと盛り上がりたい」という気持ちが強い。

特徴的な行動

「これは楽しそう!」と思うとすぐ飛び込む行動力がある。ワイワイしたイベントや新作コスメなど、周りと共有できる“トレンド”に惹かれる。ただし、人間関係が賑やかすぎると疲れてしまう面もある。

タイプ4

メラメラちゃん

対応する感情軸

劣等感↔特別感／
退屈↔変化・刺激・成長

キャラクターイメージ

「目立ちたい、刺激がほしい！」という心が燃え上がっている。劣等感があっても、それをバネにして挑戦する負けず嫌いさん。

特徴的な行動

「退屈してる時間なんてない！」と、刺激的な場所や企画に飛び込む。人から褒められるのを待つより、自分から突き進んで結果を出そうとする。成功して特別感を得ると、さらにメラメラ燃え上がって止まらない。

タイプ3

キラキラちゃん

対応する感情軸

不安↔安心／
劣等感↔特別感

キャラクターイメージ

「自分に自信が持てない……けど、輝いていたい！」という気持ちが同居。劣等感を感じやすい分、「認められたい」「もっと安心したい」と頑張るタイプ。

特徴的な行動

周囲の評価やリアクションに敏感で、「キラキラ見られたい」「もっと堂々としたい」と向上心がある。SNSで「いいね」をもらえないと不安になったり、反対に「すごいね！」と言われると一気に安心してやる気を起こす。

このキャラクターのタイプは自分が感じる主観的イメージのものです。次ページでは、質問に答える形でのキャラクター診断を掲載しました。

各タイプの質問に「はい」が多いほど、そのタイプの特性が強い可能性があります。この診断はあくまで「ざっくりとした傾向」を見つけるものですが、意外な自分の感情に気づくことができます。

次ページ

タイプ判定のためのキャラクター診断

タイプ判定のためのキャラクター診断

簡単な診断方法の例

1. 各タイプの4つの質問に「はい」なら1点、「いいえ」なら0点とします。
2. 4タイプ合計で16問ありますが、それぞれの合計点を集計してください。
3. 最も点数が高いタイプが、今のあなたのメイン気質（または一番強い感情傾向）です。
4. 同数で並んだ場合は「どちらの特徴も持ち合わせる中間タイプ」と捉えてもOKです。
たとえば、「ハグハグちゃん」の質問で合計3点、「メラメラちゃん」で合計2点、「ワクワクちゃん」で1点、「キラキラちゃん」で2点なら、一番高い3点を獲得した「ハグハグちゃん」タイプがあなたのメイン気質となります。

タイプ1 ハグハグちゃん

【不安↔安心／寂しさ↔つながり・愛】

質問1 「一人で過ごすより、誰かと一緒にいると落ち着く」
はい or いいえ

質問2 「初めての場所や状況では、とにかく“安心できる相手”とつながりたい」
はい or いいえ

質問3 「頼られるより、頼りたいし、守られたいほうだと思う」
はい or いいえ

質問4 「人との触れ合いやスキンシップがあるとホッとするほうだ」
はい or いいえ

合計　　点

「はい」が多いほど、周囲の安心感やつながりを重視する。
「ハグハグちゃん」度が高め。

タイプ2 ワクワクちゃん

【寂しさ↔つながり／退屈↔変化・刺激】

質問1 「退屈しているとすぐ誰かに連絡したり、イベントを探したりする」

はい or いいえ

質問2 「一人で過ごすより、みんなで盛り上がる時間に幸せを感じる」

はい or いいえ

質問3 「流行り物や話題のスポットには、まず行ってみたくなるタイプだ」

はい or いいえ

質問4 「静かに本を読むより、ワイワイと騒げる場所のほうがエネルギーが湧く」

はい or いいえ

合計　　　点

「はい」が多いほど、「一緒に楽しむ」「盛り上がる」ことで充実を感じる。「ワクワクちゃん」度が高め。

タイプ3 キラキラちゃん

【不安↔安心／劣等感↔特別感】

質問1 「周りから認められたり、褒められたりすると一気に安心する」

はい or いいえ

質問2 「自分に自信が持てないときは“もっと頑張らなくては”と焦ってしまう」

はい or いいえ

質問3 「人と比べてしまい、劣等感を感じると落ち込むけど、その分奮起しやすい」

はい or いいえ

質問4 「SNSでの反応や評価（“いいね”など）が気になりやすいほうだと思う」

はい or いいえ

合計　　　点

「はい」が多いほど、「周囲からの評価」や「自分の特別感」を意識しやすい。「キラキラちゃん」度が高め。

タイプ4 メラメラちゃん

【劣等感↔特別感／退屈↔変化・刺激】

質問1 「自分が成長したり、何かをやり遂げたりすると燃えるタイプだ」

はい or **いいえ**

質問2 「退屈している暇はない！　常に新しい挑戦や企画を探したい」

はい or **いいえ**

質問3 「誰かに負けるのは悔しいから、もっと頑張ろうと思う」

はい or **いいえ**

質問4 「“普通でいる”より、ちょっと冒険して結果を出すほうが好き」

はい or **いいえ**

合計　　　点

「はい」が多いほど、「刺激」と「特別感」を糧に前進していく。「メラメラちゃん」度が高め。

まとめ いくつかのタイプが同じくらい点数が高い人もいれば、状況によってタイプが変化する人もいます。あくまで目安ですが、自分の感情傾向を楽しみながら把握するための指標として活用してみてください。

ハグハグちゃん… 不安や寂しさを抱えがちだけど、人とのつながりや安心感を何より大切にしたいタイプ。

ワクワクちゃん… 退屈が嫌いで、みんなで盛り上がることに喜びを感じるタイプ。

キラキラちゃん… 評価や特別感に敏感で、不安を払拭して輝きたいと願うタイプ。

メラメラちゃん… 劣等感をバネにしつつ、退屈を嫌って常に刺激や挑戦を求めるタイプ。

09

コアバリュー設計
感情の可視化アプローチで内面からの価値観に気づく

感情に基づいたコアバリューを明文化する

前項では、〝不快↓快〟という感情変換モデルを出発点に、過去の成功体験・失敗体験から自分がどんな感情に突き動かされていたのかを整理して、〝なぜそれが必要？〟〝どんな行動で満たされる？〟という階層を掘り下げていきました。それをすることによって、自分だけのコアバリューが明確になっていったはずです。そして、それをもとにさらにコアバリューを組み立てていく必要があります。以下の手順を踏むことで、コアバリューが明文化できます。

①感情を起点

過去どんな状況で不快を感じ、どんな体験で快へ変わったかを掘り下げ、そこから自分の欲求や強い感情ニーズを浮き彫りにする。

②整合性・階層の確認

たとえば「つながり・愛」が大事だと思うなら、「なぜその愛が必要?」「どんな行動で満たされる?」を階層的に掘り下げ、言葉の整合性を取りながら腹落ちさせる。

③共通パターンの抽出

過去の成功体験や満足度が高かった行動、心が動いた場面を振り返ると、共通する感情キーワードが見えてくる。

④行動指針へ自然に転換

感情ベースで定義したコアバリューなら「なぜ必要か」「どんな場面で活かせるか」が明確なので、日常生活や意思決定に直結しやすい。

こうして生まれたコアバリューは外から押しつけられた価値観ではなく、内面から自然に抽出された価値観のため、長続きします。なぜなら、感情ベースのため、「なぜこれをしたいのか？」に強い納得感があり、行動動機がブレにくいからです。状況が変化しても、４つの不快と快を見直し再定義すればいい。フレキシブルかつ一貫した軸を保てるのです。

COLUMN

なぜ自分のコアバリューを持たないまま走ると危険か

SNSやインフルエンサー、メディア、書籍などから流れてくる情報を鵜呑みにすると、「ああ、あの人みたいに海外を自由に旅しながら仕事して、SNSでバズれば幸せかも！」と思ったり、「高層マンションに住めば満たされるだろう」と思い込んだり。

しかし、実際やってみて「なんか違う……」とモヤモヤすることに。それは自分の幸せではなく、他人の幸せを追いかけているから。最悪、本当に自分に合うもの（コアバリュー）が何かを見失う結末にもなり得るのです。

10

感情の可視化の恩恵

トラブル回避と感情コントロール

日常での小さなイラッにもコアバリューが効く

私のコアバリューは、「ヒトを深く理解し、愛・貢献・導き・成長・挑戦を感じ楽しみ、それをヒトに届けること」です。ここで「ヒト」とは自分自身と他者の両方。つまり、自分も他人も豊かにする関係性を重視しています。

たとえば高速道路で突然割り込まれて、「イラッ」とするかもしれない。そこで「自分のコアバリューは愛や貢献を大切にすること。ここでムキになってクラクションを鳴らすのは違うよな」とひと呼吸置けるだけで、余計なトラブルを回避できるし、心の乱れも最小限ですみます。

もちろんいつもコアバリューどおり行動できるわけではありません。でも「ああ、つい感情的に反応しちゃった」「次はもう少し冷静になろう」という微調整が可能になります。これが感情の可視化の最大の恩恵です。

COLUMN

トップダウンで押しつけられた会社の理念

企業の経営理念も同じことがいえます。いくらカッコいい言葉で掲げる、たとえば「顧客第一主義！」「地域社会の発展に貢献！」と言葉ではいっていても、実際は数字だけ追いかけている状況では従業員は会社を信じなくなっていきます。

ここでも星形の中央に“コアバリュー”を置く発想が大事です。経営者は「私が掲げる理念がすべて」とトップダウンで押しつけるのではなく、社員一人ひとりが感情を可視化し、その共通部分を紡いで会社のコアバリューを作るようにすれば、本当の一貫性・整合性が生まれます。

まとめ

星形アプローチ＋「４つの不快と快」でコアバリューを育む

「感情を可視化する」というと一見難しく感じますが、基本は自分が抱えてきた４つの不快をどんな快に変えたがっているかを丁寧に言葉にし、そこから〝自分が大切にしたい価値観〟を抜き出すプロセスにすぎません。

何度も〝自分の感情〟に立ち返り、〝言葉の整合性と階層〟をチェックして〝コアバリュー〟を軸に進むことが求められます。

あなたが真の豊かさを手に入れる第一歩として、まずは「自分のコアバリューとは何か？」を〝星形アプローチ〟で探究してみてください。きっと人生の景色がガラリと変わるはずです。

CHAPTER 3

プランニング編

感情を可視化するトレーニング

感情を可視化して得られるコアバリュー（価値観）という軸を、自分の人生や行動計画にどう組み込んでいけばいいのか。

これまでの章では「感情を見える化すること」の意義や、そのための基礎的な考え方などを見てきましたが、本章では実際にどのようにプランを立てて日々の生活や仕事に落とし込み、長期的な目標に向かって進めばいいのかを、より丁寧に解説していきます。

本章は、いわゆる〝プランニング〟のエッセンスです。詳細は解説していきますが、皆さんもぜひ「健康・人間関係・仕事・趣味・お金」という5カテゴリーにおけるコアバリューを絡めた目標設定や、小さなアクションの積み重ね方法、日・週・月のリセット術などを活用して、自分だけの道のりをスムーズに、そして楽しみながら歩んでみてください。

最初は習慣化に苦戦するかもしれませんが、〝ハンドルやブレーキのあそび〟を意識し、柔軟にリカバリーすればいいのです。飛行機が少しずつ航路を修正していくように、あなたも小さな微差改善を続けて〝自分史上最高の豊かさ〟へと近づいていくはずだと、私は確信しています。

01 コアバリューを自分の感情と結びつける

腹の底から出てきた価値こそブレない軸となる

耳障りのよい言葉が響くとは限らない

大前提として〝自分の心の奥底から湧き出た価値〟と、〝外部から借りてきた価値観〟はまったく違うものです。

私自身がかつて、会社を立ち上げたばかりの頃に経験したことですが、経営理念を掲げるにあたり、「正直」「誠実」「社会貢献」といった世間一般の価値観で大事といわれるワードをひととおり詰め込みました。しかし、それらは本当に自分が求めているものとはズレていたのです。そのため、まったく行動が伴わないし、続かなかったのです。

最初は「どこかで聞いたよい言葉ばかりだし、何も間違ってない」と思えるかもしれませんが、実際にその理念どおりに生きる、あるいは行動指針にするとなった瞬間、〝本当にこれは自分（あるいは自社）の腹の底から出てきた価値観なのか？〟と疑問を抱いてしまうものです。

そこで私自身も、一度徹底的に自分の内面と向き合い直し、過去の出来事や成功・失敗の記憶から得た〝本音〟を、地道に洗い出してみました。

その結果として、「ヒトを深く理解し、愛・貢献・導き・成長・挑戦を感じ楽しみ、それをヒトに届けること」――この言葉が、自分にとっての最重要価値だと確信したのです。

ここには、自分の過去の体験で「人と向き合い、何かを伝えたり導いたりする過程が楽しくて仕方ない」「学びをシェアして、人から喜んでもらえることに喜びを感じる」という生々しい感情が詰まっていました。だからこそ、これは外部から借りてきたスローガンではなく、私自身のコアバリューであり、い

感情に紐づくコアバリューは強固なものに

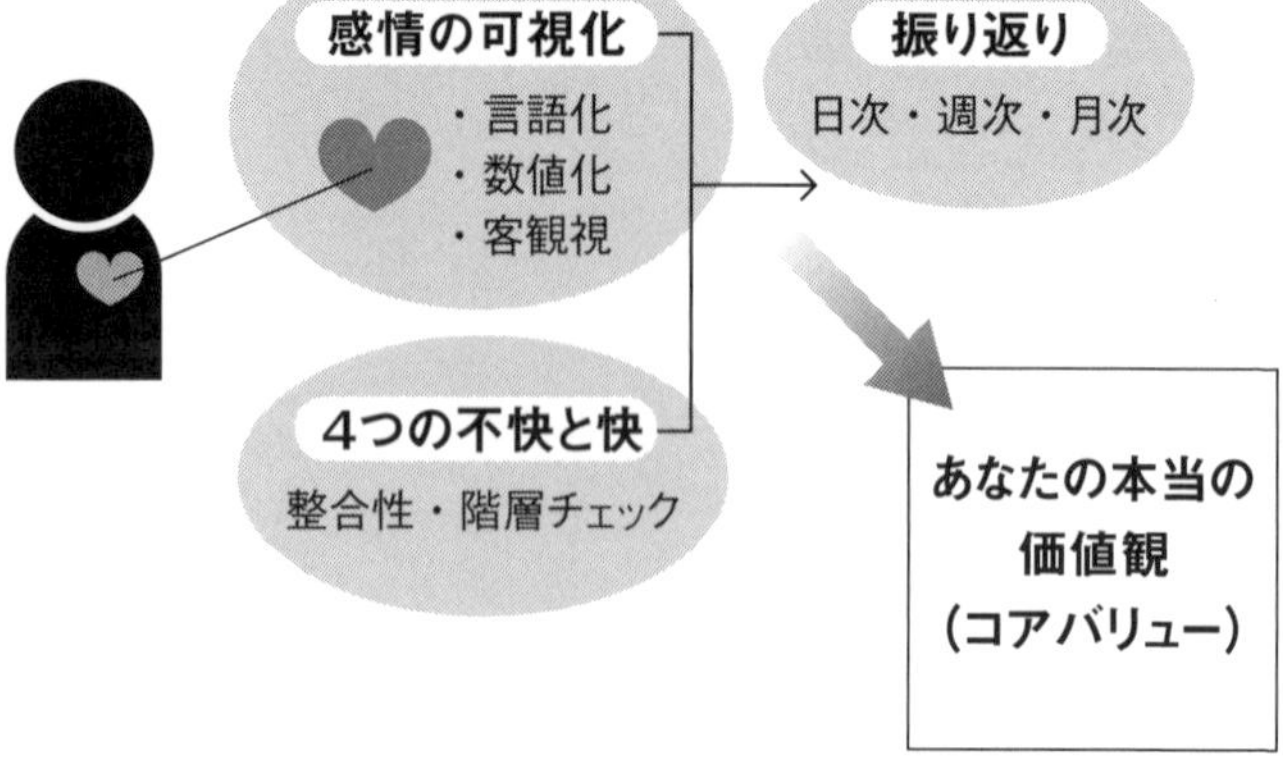

わば〝ブレない軸〟になったのです。

現代の情報社会ではあふれんばかりの成功モデルや成功者の声が飛び交っています。誰かが「これがよい」といえば、多くの人が飛びつき、あるいは「これが新しい儲け方だ」と聞けば、そちらへ一斉に流れる。

もちろん、参考にすること自体は悪くありません。でも、それが〝自分の内なる感情〟と合っていないと、結局は無理をしたり、心が摩耗したりして、途中で諦める結果になりかねません。

外的要因が常に移り変わっていく以上、私たちはコアバリューを〝自分の感情と紐づけて〟抽出しておくことが必要なのです。

02

健康・人間関係・仕事・趣味・お金

人生を大きく5つのカテゴリーに分解する

人間の悩みの多くは
健康・人間関係・仕事・趣味・お金のいずれか

コアバリューが定まったなら、どのように行動計画へつなげればよいのでしょうか。

私はまず〝人生を大きく5つのカテゴリーに分解する〟という方法を提案しています。

5つのカテゴリーは、健康・人間関係・仕事・趣味・お金。これらはいずれも、日常を形作る大きな要素です。

多くの人はこの5つのどれかで悩みを抱えたり喜びを得たりしているはずです。もちろん他にも「学習」「創作活動」など、別のカテゴリーを追加しても構いませんが、まずはこの5つをきちんと見直すだけでも、相当な気づきを得られます。

たとえば、「健康」ひとつとっても、〝どうやっていつまでも元気でいるか？〟という観点を曖昧《あいまい》にしていると、目標がぼやけがちですが、ここに具体的な数値を盛り込むことが肝心です。

体重を何キロにするとか、体脂肪率をこれぐらいにする、月に何キロ走る、あるいは1週間に何回ウォーキングをするといった数値化した目標を掲げましょう。それと同時に、なぜその数値にこだわるのか、そこに自分のコアバリューはどう関係するのかをしっかり言語化してみてください。

さらに4つの不快と快感情に結びつけて考えてみましょう。たとえば不安と安心という感情軸であれば、「将来、子どもや孫とアクティブに過ごすために、今健康を整えておくことが自分の安心につながる」と結びつくかもしれませんし、退屈と刺激という感情軸なら「毎日ただ歩くだけではつまらないから、ゆくゆくはマラソンやトライアスロンのレースに挑戦するほうが自分には楽しみが生まれる」という結びつきがあるかもしれません。あるいは劣等感と特別感という軸なら、「周りと比べて体が衰えてきたと感じるのが嫌。むしろ今からでも体力をつけて、『自分はまだまだイケる』という誇りを持ちたい」と思う人もいるでしょう。

どれが正解というわけではなく、自分が納得できる〝感情の理由〟を明確にすることで、たとえ毎日ウォーキングするのは地味でも、腑に落ちた形で続けやすくなります。

どこをゴールにするかを自分で設定する

私自身の実例として、健康の面では、「好きなことを好きなときに好きなだけ楽しめる体でいたい」というテーマを掲げています。そのために体重65kg、体脂肪率15％以下、ＢＭＩ22などと具体的に定義して、〝それならば月にこれだけのランやロードバイクをやっていこう〟と目標を立てています。

これをジャーナルに記録し、達成率をナンバリングしながら可視化することで、「今月は80％達成した」とか「先月より今月はちょっと頑張りが落ちている」など、客観的に進捗を把握できます。実際にそれを続けたところ、自分なりに「よし、体重や体脂肪は目安どおりだ」という状態をキープでき、無理なく健康面も維持できています。

数値に縛られすぎるのはよくないという人もいるかもしれませんが、私はむしろ〝どこをゴールにするか〟を自分で設定するほうがわかりやすいと感じています。仮にそのゴール設定が合わなくなれば、また微調整すればいいのです。

03

無理のない目標設定
1日1％の時間を成長する時間にあてる

感情に紐づいた目標設定ならば無理なく成長できる

5つのカテゴリーの目標設定を行うとき、私が強く推奨しているのが〝自分なりのペースで、1日1％（15分）から始める〟という考え方です。多くの人は「1日1％成長」と聞くと「そんなに難しくはないかな？」と答える一方、「1日の1％ってどのくらい？」としばし沈黙します。でも、実は1日24時間の1％は14・4分、約15分にすぎません。

15分なら隙間時間で何とかなる気がしませんか? でも、1日1%の改善や学習を積み重ね、それが「複利成長」していくと、1年で30倍以上の差がつく、という計算が成り立つのです。

そこまで長期スパンな話でなくても、とにかく〝15分でいいならやれそう〟というのが始めやすさのポイントになります。習慣を構築するうえで「ハードルを下げる」のは何より大切です。いきなり「1日2時間勉強しよう」などと掲げると、やる気は最初は高まっても三日坊主で終わりがちに。しかし「1日15分なら……」と思えれば、1週間も2週間も続けやすいですし、続けると次第に「もう少しやってみようか?」という気になってきます。このゆるやかなアップデートが、結果的に大きな変化を生むから侮《あなど》れません。

それは投資か、消費か、浪費か　その見極めが肝心

このときに非常に大事になるのが、〝その行動は今の自分にとって投資なの

投資、消費、浪費の違い

投資	消費	浪費
将来につながる 生産性の高い 使い方 （習い事・書籍代・貯蓄など）	生活していくうえで 必要なものへの 使い方 （家賃・食費・光熱費など）	今を楽しむための 無意味な 使い方 （過度な嗜好品など）

この投資、消費、浪費の考えは「お金」「健康」「人間関係」「仕事」「趣味」の5つのカテゴリーのほか、「時間」についても判断のものさしとして使える。

か、それとも単なる消費か浪費か？〟を自覚するという視点です。

たとえば、「ランニングするのは健康にいいから投資」「でも寝る前の深酒は浪費かもしれない」、あるいは「週末のゴルフは、自分にとっては浪費になってしまっているかも……」――こんなふうに〝自分なりの投資・消費・浪費〟を見極め、必要があれば切り替えていきます。

自分にとって価値ある行動なら、少ししんどくても投資だと理解して粘れるし、浪費だとわかっていれば〝なんとなく惰性でやってしまう〟のをやめやすくなる。「いや、このゴルフは人脈形成になっていて仕事に役立つから投資だ」という場合は続ける理由がはっきりしますし、仮にそうではないなら切り捨てれば時間やお金が他に回せます。

あくまでも自分基準で判断するのが大切です。

私自身も、趣味としてゴルフに誘われた頃は、「周りの経営者がやっているし、自分もそこに混じればメリットがあるに違いない」と飛びついたことがあります。けれど実際にやってみると、週末や休日をまるまるゴルフに取られ、移動時間を含めて一日つぶれるのがストレスで仕方がない。子どもたちと過ごす時間も減ってしまい、しかもゴルフをそこまで楽しんでいるわけでもなく、「いったい何のためにやっているんだろう?」と疑問が噴出しました。

そのため思い切って、ゴルフは断るようにし、代わりにトライアスロンの練習を優先することにしました。トライアスロンは私にとっては〝コントロールできる〟趣味で、ロードバイクやランニングなら時間をフレキシブルに調整しやすく、旅先や出張先でも一人で取り組める。結果、無理なく続けられたのでストレスも減り、健康維持もしやすくなりました。

04

振り返りの重要性

5つの観点をジャーナルで書き出す習慣をつける

書き出し→振り返りの蓄積が成長サイクルを回す

前項までに解説してきた「健康・人間関係・仕事・趣味・お金」という5つの観点で〝自分はどんな行動を、どれくらいのペースで続けたいのか〟〝コアバリューに立ち返ってみると、これが投資になっているか、ただの浪費かどっちだろう？〟などを、ジャーナルで書き出す習慣を始めてみてほしいのです。

最初は慣れないかもしれませんが、何か1つでも2つでも定義してみることで、次第に「これも振り返ったほうがいいかも」と積極的に書く内容が増えてきます。そして数週間、数カ月続けると〝あっ、私が求めているものはこういうことなんだ〟と、よりクリアに把握できるようになるはず。その気づきが、今後の人生を大きく左右するほどの変化をもたらす可能性があるのです。

一度ハードルを下げて「1日15分だけ、自分の行動と感情をジャーナルに書こう」と決め、週末には〝今週どうだったかな〟と軽く振り返る。そして月末にはもう少し大きく〝今月はどう変化したか〟を見てみる。すごくシンプルですが、これを続けるだけで〝当初は無理だと思っていたことがいつの間にか達成できている〟ことがあり得ます。

ここで挫折したらどうしようという不安も、日々や週ごとのリセットがあれば怖くありません。むしろ〝失敗して当たり前〟〝完璧は目指さない〟くらいで気楽に取り組んだほうが、何年も続けられます。そして何年も続けた人だけが、本当の〝人生右肩上がり〟をつかむのです。

COLUMN

“月初め”や“年始”のように区切りをつける

ケンブリッジ大学モラー研究所の行動科学マーケティング専門家であるリチャード・ショットンの著書『自分で選んでいるつもり』で語られている行動科学的知見によれば、人は“月初め”や“年始”のように区切りを用意すると、「よし、また仕切り直しできる」と考えて挫折を防ぐことができるそうです。

だから最初から“完璧に毎日やる”なんて決め込まず、“週末・月末に一度集計してみようか”と軽い気持ちでまずは始めること。週ごと、月ごとに区切りがつくため、結果がわかりやすく、かつ目標の再設定がしやすいです。結果的に続くし、成果につながります。

05

コアバリュー+振り返りの実践

お金の使い方をコアバリューと振り返りで見直す

保険や貯蓄、投資にも自身のライフプランとの適合がある

私は昔、友人がすすめてくれた保険商品をほぼ丸呑みで契約していました。彼は悪意があるわけではなく、むしろ私のことを考えて提案してくれたのだと思います。けれど私自身が「そもそも、将来どういうリスクに備えたいのか？投資と保険は分けて考えたほうがいいのか？」を十分検討せず、「友人がいいっていうから」という曖昧な理由だけで積立型の保険を購入していたのです。

その後、感情の可視化とコアバリューの設定、そして〝日・週・月でお金と時間の支出を振り返る〟という習慣を続けるうちに、どうもこの保険と自分のライフプランがかみ合っていないことに気づきました。

私のコアバリューは〝成長や挑戦を楽しみたい〟という軸が強く、そのために投資や資産形成は〝自分で学びながら運用〟するほうが面白いし納得感も得やすかったのです。加えて、保険そのものは必要最低限でいいという結論に至り、その積立型保険はいったん解約しました。そして、その分の資金を投資に回してみたら、自分が本当に欲している〝学びや刺激〟を得られました。

こうした一連の判断を支えたのが〝コアバリューの自覚〟と〝日次・週次・月次での振り返り〟だったわけです。

私が研修やコーチングで強調するのは、こうした「自分の行動や支出を見直す仕組み」をどう作るかという話です。人の意思は本当に弱く、放っておけばいつでも楽なほうへ流されがち。そうならないために、一定期間ごとにジャーナルで「今週は何にいくら使った？ それはコアバリュー的に投資だった？ 浪費だった？」と自己評価するルーティンを組み込むのです。

06 人間関係の振り返り

自分と相手の感情を理解し合う

コミュニケーションを確立できれば無駄な衝突やモヤモヤが減らせる

CHAPTER2で紹介した、私が家族で盛り上がった「映画やレストランを10点満点で評価する」という話は、実はこの〝感情の可視化〟を家族や仲間同士でやるバージョンの、わかりやすい例です。

要するに、お互いが〝勝手に思い込んでいた好みや価値観〟を、点数や言語化を介して改めて共有できると、〝ああ、やっぱりみんな違うんだ〟ということが面白いくらいわかる。それこそがコミュニケーションであり、人生や仕事の計画を共有するうえでも必須のステップなのです。

もちろん、仕事でも同じです。上司が部下に「たぶんこう思っているに違いない」と勝手に期待を寄せていたり、部下が「上司はこう望んでいるんだろうな」と忖度《そんたく》してみたりして、言葉にしていないがゆえにすれ違うケースはごまんとあります。

その点、感情の可視化を学んでいる人は〝とりあえず口に出してみよう〟〝実際どう思っているか共有してみよう〟とするので、無駄な衝突やモヤモヤをかなり減らせます。たとえ意見が違っていても、「なぜそう感じるのか？」を掘り下げるので、お互い納得しやすい共通点を探せるわけです。自分の生活でもパートナーシップでも、そして組織内でも、本質は同じなのだと思います。

一方、人は〝完璧に理解し合える〟わけではないし、〝思考も感情も常に変わる〟生き物なので、時にはズレることも当然あります。大事なのは、それに気づいたら軌道修正できる仕組みを持っているかどうかです。

飛行機が目的地へ飛ぶときに〝常にわずかにコースを外れている〟から微調

整するように、私たちの人生も一度立てた目標が状況変化で合わなくなれば少し修正し、また動きながら修正し……と進むのが当たり前。〝一度決めたから死守しないといけない〟という完璧主義だと、崩れたときに大きく落胆したり、挫折しやすいので、そこに〝ハンドルやブレーキのあそび〟を設定してゆとりを持たせ、〝月ごとに再調整しよう〟とか〝家族で3カ月に一度はお互いの予定を再確認し合おう〟みたいに区切りを設けるほうがいいのです。

つまずきがあってもリセットできるシステムを最初から構築しておくこと

それでもなお、モチベーションが落ちるときはあります。世の中には膨大な外的要因があり、想定外のトラブルや環境の変化が起こるものです。前出のコラムで紹介したリチャード・ショットンも指摘していますが、人間は非合理的に行動することが多い生き物です。でも、それを「やっぱりダメだ」と悲観するのではなく、「一時的に落ちたけど、週明け・月明け・年明けにでもリセットしよう」と再起しやすい仕組みを最初から考えておくことが重要です。

そうすると、多少のつまずきがあっても大崩れを回避し、長期的にはきちんと右肩上がりに成長していけます。これは私が何度も見てきた社員やクライアントの成功モデルが証明しています。必ずしも〝毎日絶対やれ〟という堅苦しいルールで成功する人ばかりではなく、むしろ〝週ごとにチェックし、月ごとに修正し、年ごとに大きくアップデートする〟というサイクルを回していく人のほうが、メンタル的にストレスが少ないし、何年間にもわたって継続できる結果、気づけば大きな成果をつかめるのです。

07

コアバリューの再設定

ライフスタイル、成長度合い、環境変化でコアバリューを変える

人生の各ステージで感情の可視化を行う

さて、ここまで読んでいただき、「なるほど、コアバリューを軸に5つのカテゴリーで目標を立て、1日1%の行動を積み重ね、週・月単位で微調整すればいいのか」とイメージできたでしょうか。

あえて補足すると、コアバリュー自体も変わっていく可能性があります。たとえば独身の頃は「自分の成長が何より大事」という価値観だったけれど、結

婚して子どもができて〝愛や家族の幸せ〟を優先したいと思うようになったら、コアバリューを再定義する必要があります。

そうした大きな変化でなくても、日々の小さな変化に対応する柔軟性はぜひ持っていてください。感情の可視化は一度やって終わりではなく、人生の各ステージで〝今の自分の本音はどう変わったか？〟を確かめ、必要なら微調整する作業でもあるからです。

それでもコアバリューの根幹がいきなり真逆に変わることはそうそうありません。外発的価値観を鵜呑みにしてきた人なら、大きく方向転換があるかもしれませんが、一度内発的な価値をしっかりつかめば、その大筋は生涯を通じての〝自分軸〟になり得ます。

そこがブレずに深まっていくと、「今目指す山はここだ」「来年はもうちょっと違う登り方をしよう」とか「今回は家族と一緒に登る形にしよう」など臨機応変に計画を立てられますし、どんな外的変化が起きても心が折れにくくなります。

COLUMN

行動を変えるだけで ラクになるケースが多い理由

我々が悩んでいる“将来の不安”や“日常の忙しさ”“満たされない心”といったものを突き詰めると、“自分のコアバリューに沿った時間の使い方ができていない”からこそ起きているケースがほとんどです。たとえば「退屈→刺激」「寂しさ→つながり」などどんな不快を抱えているのかを丁寧に自分に問えば、“ちょっとした行動を変えるだけで意外とラクになる”ものです。

たとえば、家族と話す時間がほしいならスマホを見る時間をその分だけ減らせばいい、仕事に飽きてきたなら新たに資格の勉強を15分始めてみる、——それだけでも気持ちが変わり、少しずつ現実も変わっていきます。

そうやって徐々に積み上げた“自分の過去との比較”での成長がいつしか大きな自信や成功体験につながります。気づいたときには「ああ、ずいぶん遠くまで来たな」と笑えるようになっていることでしょう。

CHAPTER 3　まとめ

成功している人が実践している
ジャーナリングによる内省の習慣

この章全体のまとめとして、「自分が過去との比較で右肩上がりに進む」ためのポイントをひとつの流れにしてお伝えすると、以下のようになります。

①感情の可視化を通じて、どの感情が自分にとって大切なのかを知る。

②コアバリューという形で、自分の人生の指針をはっきりさせる。

③健康・人間関係・仕事・趣味・お金といった生活を彩る主要分野において、1日1％（15分）でもいいから行動を起こせる小さな目標をセットし、ジャーナルに書いて記録する。

④週末や月末に振り返り、うまくいかなかった部分は「どうしてだろう」と原因を探り、修正策を考える。

⑤挫折したら、そこをさらに丁寧に言語化し、次の週・次の月で再チャレンジ。また、一度設定したゴールやコアバリューが合わないと感じたなら柔軟に

アップデートする。

そうして数カ月、あるいは1年も続ければ、かつての自分では考えられない地点まで成長していたり、まったく違う新しい価値観に目覚めている可能性だってあるのです。

こうしたプロセスは地味な努力に見えますが、実は多くの一流ビジネスパーソンやスポーツ選手が実践している〝地道だけど強力〟な方法論です。

よく因果関係と相関関係の話になりますが、「ジャーナルを書くと絶対に成功する！」という因果は断言できませんが、「成功している人はみんなジャーナリングや内省の習慣を持っている」傾向があるのは紛れもない事実です。

それはまさに、「飛行機が微調整を繰り返しながら目的地に向かうように、日々の小さな誤差やズレを発見し、軌道を修正し続ける〝仕組み〟があるからなのです。

CHAPTER 4

振り返り編

感情を可視化するトレーニング

ここまでの章で、感情を可視化してコアバリュー（人生の軸）を見つけ、行動計画を日次・週次・月次単位で管理していく重要性を学んできました。

しかし、実際のところ「ジャーナリングがいいらしい」と聞いて試してみても、三日坊主で終わってしまう方も多いのではないでしょうか。実はそれはごく当たり前のことでもあります。人間の意志やモチベーションというのは、忙しい日常や予想外のアクシデントがあると簡単に削《そ》がれてしまうからです。

大切なのは、「いかにして何度でもやり直せる仕組みを作るか」です。

そこで私が提唱しているのが、日次・週次・月次という3つのリズムを活かし、「感情面」と「数字面」を分けて記録・振り返り・計画するという方法です。

本章では、実際にどういうトレーニングをすればよいのかを具体的なステップで学んでいただこうと思います。

01

毎日の振り返り

日次のジャーナルの振り返り項目と注意点

1日15分程度でOK
感情面と数字面を分けて記録する

最小単位の〝日次〟ですが、ここではできれば1日1回のペースでジャーナルを書いてほしいです。とはいえ、すでに忙しく過ごしている方は「いきなり何十分も書くのは無理」と思うかもしれません。そこで1日15分〜30分程度でできるような設計をおすすめします。ここでポイントなのが、「感情的側面」と「数字的側面」を明確に分けるという点です。

①感情的側面の振り返り

今日1日で「感謝できること」や「感謝されたこと」を最低3つは書き出しましょう。そして、「もし今日1日やり直せるなら、どう行動したか？」を考えてください。それをもとに、明日以降どんな取り組みをしたいか？「緊急で重要なこと（消費）」「緊急ではないが重要なこと（投資）」を大まかに計画する。

たとえば「今日は子どもが朝グズってしまい、イライラして思わずきつい言い方をしてしまった。でも一方で、子どもが笑顔で抱きついてくれた瞬間は本当に嬉しかった。もしやり直せるなら、あと5分早起きしてもう少し落ち着いて対応をすべきだったし、急ぐ理由を子どもにきちんと伝えるべきだった。明日は夜更かしをせずに少し早く寝る→5分早起きするという対策を取ってみよう」といった具合です。

この「もしやり直せたら……」という視点が非常に大事です。人は誰しも失敗や後悔を引きずりがちですが、それを「次に生かすアイデア」にまで落とし込むと、自己肯定感を損《そこ》なわずに改善策を生み出すことができます。

②数字的側面の振り返り

自分がコアバリューと結びつけている5つのカテゴリー（健康・人間関係・仕事・趣味・お金）に対応したルーティンを点数化しましょう。

その場合、シンプルに1～4点と4段階にしておくことがポイントです（3段階の曖昧なラインをなくし、「できた」「やらなかった」を明確化する。まったくやらなかった…1点、少し取り組めた…2点、まあまあやれた…3点、完璧にやった…4点）

例

健　康：「週3回30分ウォーキング」「夜は飲酒しない日を週4日」など。
人間関係：「週1回は家族と夕食」「仕事の相手との雑談を1回以上する」など。
仕　事：「重要タスクに取り組むために、時間を確保できたか」「タイムマネジメント1日15分実践」など。
趣　味：「ロードバイクに乗った」「ランニングを10分した」「小説を1冊読

む時間を作った」など。

お　金：「毎日の支出をアプリで一括入力」「散財を抑えられたか」など。

「全部たくさんありすぎてややこしい」という方は、最初は各カテゴリー1つのルーティン、合計5つの項目くらいで十分です。そして日次ジャーナルで一つひとつ1〜4点のスコアをつけるだけでも、「今日は2点だから、明日もう少し頑張ろう」とか「できなかったから、来週仕切り直そう」という気づきが生まれやすくなります。

実際にツールとしては、スプレッドシートを使うのが手軽です。私自身は日次の感情ジャーナルを同じスプレッドシートに書いており、行や列を分けて「感情メモ」と「数字評価」を入れています。手書きのノートで感情を書くほうが好きという方は、それでももちろんOKですが、できれば数字だけは何らかの形で集計しやすくしておくことをおすすめします。

スマホでもパソコンでもいいので、日々の記録がシームレスに蓄積できる環境を整えると、〝継続と客観視〟がしやすいからです。

02

毎週の振り返り

週次のジャーナルでは視野を広げる

全体を見渡し、支出管理や時間の使い方を再考

日次のジャーナルだけだと、どうしても〝今日よかったこと・悪かったこと〟ばかりに目が向きがちです。しかし、週間単位になれば、もう少し長めのスパンで傾向を把握できます。

ここで行うのが、「週次振り返り」と「週次計画」です。

①週次の振り返り

日々の数字評価（5つのカテゴリー）の平均点を出してみましょう。どのカテゴリーの項目が特に低かったか、あるいは高かったかを確認することです。そして1週間分の感情的なコメントをざっと振り返り、どんな感情が多かったか、やり直すとしたら何ができたかを総括してください。

ここで大事なのが、数字だけではなく、必ず感情面の振り返りも行うという点です。

たとえば「健康項目の平均スコアが2点台であまり高くない」と気づいたとしても、その数字が仕事の繁忙期だったからか、家族が体調を崩していたからなのか、あるいはただの自分のサボりなのかは、感情や状況を総括してみないと判断できません。逆に感情面でイライラが多かった場合も、「睡眠時間がいつもより1時間少なかったからかもしれない」と数字から把握することもできます。

特にお金のカテゴリーでは、支出管理に着目してほしいです。多くの人は「お金」と聞くと〝稼ぐこと〟ばかりを考えますが、それ以上に大切なのは「自分の時間とお金をどのように消費・浪費・投資しているか」を見直すことだからです。

たとえば健康への投資として良質な食材を買うのにお金を使うのは賛成ですが、コンビニで何となく無駄にお菓子を買ってしまう浪費が多いなら、それを調整するだけで健康面や金銭面の両方が改善する可能性があります。

私自身も昔はあまり資産形成など気にせず「宵越しの金は持たない！」などといっていましたが、あるとき税理士さんに「その歳で貯金ゼロはヤバいね」といわれ、目が覚めたことがありました。そこで月に一度は資産を見直す取り組みを始めたら、自分が意外なところで無駄遣いしていたり、投資の選択を見誤っていたことに気づいて、そこを修正していくうちに資産は自然と増えていきました。

週次の振り返りの中でも「今週は無駄な浪費がなかったか？」や「本当に必要な投資にお金が回っているか？」を考えると、少しずつお金との付き合い方が変わってきます。

②週次計画を再検討する

①で1週間を振り返ったら、「もしもう一度やり直せるなら？」という視点で、具体的にどんな時間・お金・行動の使い方を変えたいか考えましょう。

その方法は、次の1週間、5つのカテゴリーのうち、特に力を入れたいものを明確にすること。そして日々のタスクや、やるべき行動を増やすのか、あるいは減らすのかを調整していってください。

たとえば「今週は仕事に追われて運動をほとんどしなかったな。来週は週3回30分ウォーキングをちゃんと入れよう」「外食が続いて出費がかさんだから、来週は自炊を増やして健康とお金の両面を見直そう」など、具体的に書き出すのがコツです。

週の初めにその計画を意識しながら日々を過ごすだけでも、だいぶ行動が変わりますし、結局3日で挫折したとしても「週末にもう一度やり直せばいい」と再度見直せるわけです。

03

毎月の振り返り

月次のジャーナルでは大局的に把握する

資産管理や大きな変更点を確認していく

週次だけでもかなり効果はありますが、さらにひと月単位で見るとまた違った視点が得られます。

ここで行うのが「月次の振り返り」と「月次計画」です。週次よりさらにゆったりとしたペースで、自分の変化や成果を大づかみに見ることが目的になります。

①月次の振り返り

この1カ月で「5つのカテゴリーのスコアはどう推移したか？」を振り返ります。

健康面では「最初の週はやる気が高かったが、途中で失速していないか？」「月末に向けて眠れなかった原因は何だったのか？」など。

人間関係面では、「本当に会いたい人・話したい人との時間が作れたか？」「忙しさに流されて無駄な会合に参加していないか？」「家族や大事な友人とはどうコミュニケーションを取ったか？」など。

仕事面では「どれくらい成果やタスク進捗が上がったか？」「もし進まなかったなら、何がネックになっていたか？」など。

趣味は「しっかり楽しめたか？」「趣味に飽きたなら新たな刺激が必要か？」など。

お金面では「資産は増えたのか？　減ったのか？」「その主な原因は何か？」「支出管理を細かく見直す必要があるか？」など。

特にお金面での「月次資産管理」はおすすめです。週単位だと支出管理までは何とか把握できても、投資や貯蓄、保険などは毎週見直すほど頻繁には変動しません。しかし、月に一度、ざっくりと資産全体を確認してみると、驚くほど大きな波があったり、または全然増えていない（あるいは減っている）ことに気づけます。

私自身、40歳手前までは貯金をほとんどせず「それで大丈夫だろう」と根拠もなく楽観視していましたが、税理士さんに問い詰められたのがきっかけで月次の資産チェックを始めたところ、わずか数年で〝3倍に増やせた〟という経験があります。

なぜなら、気づくたびに不要な保険や運用効率の悪い投資商品から資金を引き揚げ、よりよいものに乗り換えるなど小さな修正を繰り返していたからです。

月単位になれば、週ごとに見つからなかった〝隠れた無駄や浪費〟も見える場合があり、逆に「これだけやって、こんなに成果を上げられた」という大きな達成感を得られることもあります。

この「結果が見えた」という体験が次の意欲につながるので、実は月次こそがモチベーション維持の大きな鍵なのです。

毎日の振り返りコメント例

	導き・感謝	もしやり直すとしたら3つ	【緊急・重要】【緊急ではないが重要】
19日	1. お客様メール配信に取り組む中で、分析センターに辿り着けた　2. 兄弟会議で情報共有、分担することで前に進めている実感を感じられた　3. 久しぶりのモーニングルーティンに取り組めた　4. 週次振り返りを2週間分出来た　5. タスクのアポ化をすることで取り組むことが明確になる	1. 鍵を単体で持ち歩かない 2. モーニングルーティーンのランニングマンを忘れない	【緊急・重要】 マインドフルネス、モーニングルーティン、社内メルマガ、プレゼン資料概要の作成、容器業者の選定、ドンチッチョのキャンセル 【緊急ではないが重要】
20日	1. 丁寧なGTDに取り組むことでタスク管理のアップデートが出来た　2. 幹部MTで透くん、香梨さんとコミュニケーションが取れた　3. 久しぶりにマインドフルネスに取り組めたが31%だった……　4. 朝ではないがモーニングルーティンに取り組めた　5. 化学の単位習得が出来そうな学校が見つかった　6. 概要や商品ラインナップを考えることが出来た	1. お腹が空いている時の感触は歯止めが効かなくなるので食事を先にする!	【緊急・重要】マインドフルネス、モーニングルーティン、スタッフMT、充実した社内MT、レフィルの値決め 【緊急ではないが重要】パッケージ選定、ドンチッチョへの連絡、現金引き出し（本当は月末支払いの時に一緒に行いたい）
	1. マインドフルネス、モーニングルーティンから1日のスタートを切れた!　2. 充実したス		【緊急・重要】マインドフルネス、モーニングルーティン、比嘉さんとの打ち合わせ、事
週次振り返り&計画	1. 沖縄滞在中、3日間振り返りが抜けてしまった　2. 長期滞在の台風だったけど、営業にもさほど影響が出ることなく過ごせた　3. 化学履修の学校を見つけることができたので、資格習得に向けて取り組める　4. ホテルで10kmランに2回取り組むことが出来た　5. 事業再構築補助金の打ち合わせで事業概要の弱さを実感した　6. 横山さんとの対話で手元にある100億マニュアルの価値を再確認させてもらったし、それが今の取り組みに必要であると実感した	1. 事業再構築のための構想を丁寧に再度アップデートする　2. ブランディング会議にプレゼン資料の概要を作成する	【緊急・重要】モーニングルーティン、マインドフルネス 【緊急ではないが重要】プレゼン資料の作成、新潟スケジュールの確定、100億マニュアルの読書、月末支払い（現金引き出し）、チラシ作成のアップデート（求人QRコードも）、充実したサロンMT（KTC、さくらさんチーム）、運動（10kmラン×2、25kmバイク×2）

導き・成長を感じ愉しみ、ヒトに届けること を感じ愉しめるか？

4 週目
【緊急・重要】モーニングルーティン、マインドフルネス【緊急ではないが重要】プレゼン資料の作成、新潟スケジュールの確定、100 億マニュアルの読書、月末支払い（現金引き出し）、チラシ作成のアップデート（求人 QR コードも）、充実したサロン MT（KTC、さくらさんチーム）、運動（10km ラン× 2、25km バイク× 2）

り返り	月	火	水	木	金	土	日	週次振り返り		月次振り返り 月次合計点数	月次合計割合
										0.00%	
達成率	26	27	28	29	30	31	8月1日	合計点数	達成率	0.00%	
57.10%						3		3	8.60%		
28.60%						5		5	14.30%	0.00%	
						5		5		0.00%	
37.10%						5		5	14.30%	0.00%	
57.10%						5		5	14.30%	0.00%	
42.90%						5		5	14.30%	0.00%	
48.60%						5		5	14.30%	0.00%	
48.60%						0		0	0.00%	0.00%	
37.10%						2		2	5.70%	0.00%	
37.10%						0		0	0.00%	0.00%	
48.60%						5		5	14.30%		
57.10%						0		0	0.00%	0.00%	
			1.47	2.11	5.84	4.94		14.36		0.00%	
28.60%				0	5	0		5	14.30%	0.00%	
28.60%				5	5	5		15	42.90%		
	0	0	0	5	10	40	0	55			
	0.00%	0.00%	0.00%	7.10%	14.30%	57.10%	0.00%	11.20%			

月次目標　【緊急・重要】堅田さんとの打ち合わせ（沖縄入り）【緊急ではないが重要】出版勉強会（前半、後半）、レクサス半年点検、母の沖縄入り、京ひろ会議、会計・理事会、家族時間、年間計画発表!、出版課題、MB 大まとめ、運動（10km ラン× 8、25km バイク× 8）

POINT

振り返りシートにもとに、下記の各項目を抜き出したファイルを作成したり、関連ファイルを新たに作っておくと、月次の振り返りに役立つ。「振り返りコメント」「点数振り返り」「週次・月次ルーティンチェック表」「週次支出管理」「月次支出管理」「月次資産管理」など。

感情の可視化　日次・週次・月次スプレッドシート例

MISSION	私の人生の目的は、人を深く理解し、愛・貢献・
Primary Question	私はどうしたら【今】ある愛・貢献・導き・成長

3週目
月次目標　【緊急・重要】マインドフルネス×6、モーニングルーティン×5
週次目標　【緊急ではないが重要】プレゼン資料の概要作成、MB大学のまとめ（前回・今回）、スタッフ返信、丁寧な社内メルマガ、商品の全体設計、容器業者の選定、運動（ラン×2、バイク×3）

7月		月 19	火 20	水 21	木 22	金 23	土 24	日 25	週次振 合計点数
【愛と貢献】	1日1%の未来投資のための時間に取り組めた	5	5	5	5				20
	イラッとした時に「愛」と「貢献」を思い返す	5	0	0	5				10
	マインドフルネスに取り組めた	0	31%	60%	36%				1.27
	今日の目標を達成した	0	4	4	5				13
	人の理解を深めるための取り組み	5	5	5	5				20
	「ありがとう」を言えた、言って貰えた	0	5	5	5				15
【導き】	導きを感じることが出来た	2	5	5	5				17
【成長】	未来会議に取り組めた	2	5	5	5				17
	週次目標に取り組めた	2	5	3	3				13
	長期目標に取り組めた	1	5	5	2				13
	スケジュール&タスクのアポイントメント化	2	5	5	5				17
【健康】	モーニングルーティンに取り組めた	5	5	5	5				20
	睡眠快適指数が4以上だった	4.39	1.97	3.77	2.94	1.08			14.15
	運動に取り組めた	5	0	0	5				10
	お酒を飲んでいない	0	5	5	0				10
【1日合計】		39	59	57	60	0	0	0	215
【1日達成率】		55.70%	84.30%	81.40%	85.70%	0.00%	0.00%	0.00%	43.90%
週次振り返り	1週間まるまる振り返りなし。岡山、東京滞在で沖縄での日数がゼロとはいえ久しぶりのゼロ振り返り。つまり外食100%でお酒を抜いた日がないということだな。19日からは沖縄滞在なので丁寧な日々を過ごすぞ!!								

私の場合はgoogleのスプレッドシートを活用し、「感情の可視化」振り返りシートを作成。毎日、自分の課題に対して数字で点数を付ける（私の場合は5段階評価）。また前ページのように、その日の出来事の振り返りも行う。それらをもとに週での振り返り&次週に向けた目標の再設定、月での振り返り&次週に向けた目標の再設定を行っていく。

04 ズレの確認、修正

フィードバックループで修正を重ねる

ズレは失敗ではなく修正するタイミング

日次・週次・月次の振り返りと計画を解説しましたが、実際には「計画どおりに進まない」のが当たり前です。そこで活きてくるのが、フィードバックループの考え方です。

フィードバックループとは、〝行動→結果→修正→再度行動〟というサイクルをぐるぐる回すこと。飛行機の航路が常に微調整されているように、私たちの人生や計画も日々・週・月でわずかにズレて当然なのです。大事なのは、そのズレを「失敗」と捉えないで「よし、修正するタイミングがきた」と思えるかどうかです。

ギャップ分析
どこで、なぜズレたのか？

ジャーナルの振り返り作業では結果や結論が書かれています。そのため、その結果に至った原因を探るところからスタートします。

結果 「今週はウォーキング3回を目標にしたのに2回しかできなかった」

原因 仕事が忙しかったのか、単に寝坊したからか、天気が悪くてやる気を削がれたのか。

結果 「お金の支出を抑えるつもりが、外食が多くなって予算オーバーした」

原因 仕事や人間関係の都合で外食を断りづらかったのか。お酒を飲むと気が大きくなって散財してしまうのか。

フィードバックループ

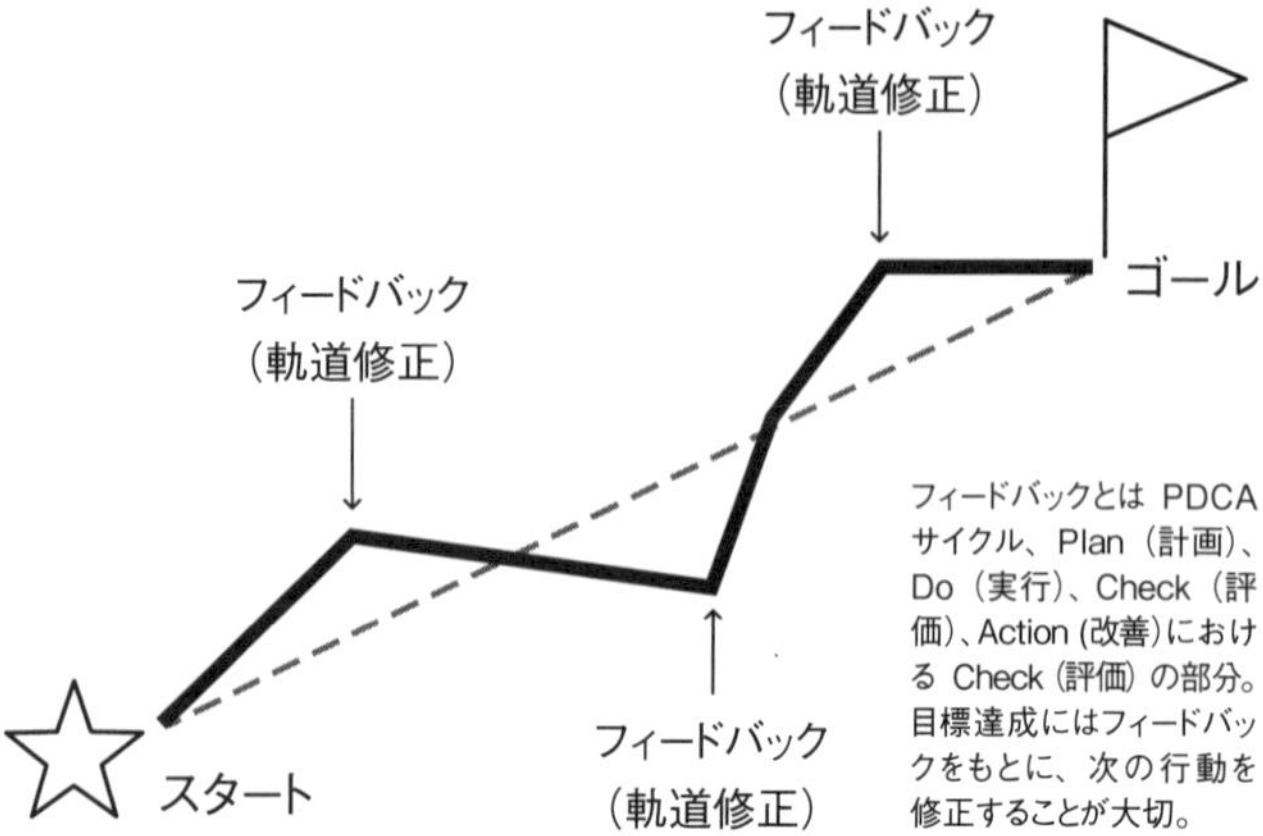

フィードバックとは PDCAサイクル、Plan（計画）、Do（実行）、Check（評価）、Action（改善）における Check（評価）の部分。目標達成にはフィードバックをもとに、次の行動を修正することが大切。

こうして原因を掘り下げれば、次回どう修正すればいいかが見えてきます。もしかしたら天気に左右されないようジムに行くという手段を追加するのが1つの方法かもしれないし、ジムの営業時間が合わないなら自宅での筋トレに切り替えるのもよいかもしれません。

外食が多くなるならランチやディナーの予算上限を決めておく、飲む日はあらかじめお財布に上限額しか入れないなど、対策はいくらでも出てきます。

この「微調整→実行」のサイクルを回すたびに、前よりちょっとだけマシな行動・より自分に合った行動が選べるようになり、それが複利的な成長を生むというわけです。

05

答えと修正点
日次・週次・月次でチェックすると見えてくる具体例

5つのカテゴリー別でわかった答えと修正点

ここで改めて、健康・人間関係・仕事・趣味・お金という5つのカテゴリーを絡めた具体例を挙げてみます。

①健康

日次で「今日は夜9時以降にものを食べていないか?」「お酒は飲んだか?」

などを1～4点の数値で評価。

週次で「この1週間は何回ウォーキングした？」「睡眠時間の平均は何時間？」を原因とともに振り返る。

月次で「先月より体重や体脂肪は増減したか？」など大局的に見る。


【答えと修正点】

たとえばお酒の例でいえば、私も「毎晩飲むのが当たり前」と思い込んでいましたが、Apple Watchで睡眠の質を測定してみると驚くほど深い睡眠がとれていないことが発覚しました。そこで、「会食のときだけ飲む」「一人のときは飲まない」と決めたら、体調や仕事効率がはっきり変わりました。

②人間関係

日次で「今日は家族とどれくらい会話できた？」「自分のイライラをぶつけなかったか？」を振り返る。

週次で「友人や仲間とのつながりに満足を感じたか？　誘われるままに無理して付き合っていないか？」を確認。

月次で「本当に大切にしたい人との時間が確保できているか?」を見直す。

【答えと修正点】

私自身、「誘われたら断らない」がモットーでしたが、そのせいで真に大切にしたい家族や親友と過ごす時間が奪われていることに気づきました。

③仕事

日次でタスクの進捗を点数化し、感情的にも「今日は集中できたか?」「不要な会合や雑務に時間を取られていないか?」をチェック。

週次で「やるべき仕事の中で一番大事なことは何だったか?」「それに時間を使えたか?」を総括。

月次で実績や数値目標を集計し、スタッフの満足度や成長なども見る。

【答えと修正点】

私はスタッフの退職が重なったとき、非常にショックを受けましたが、日次のジャーナルで「自分はどう感じているか?」を書き出し、週次・月次では「組織としてどんな課題があったのか?」を検証してみた結果、実は離職がネガティブなことばかりではなく、「彼らが次のステップに進むために必要なことだったんだ」と認識を変えられました。

そこからはむしろ前向きに人材育成や業務設計を再度見直していけました。

④趣味

日次で「今日は趣味に何分使えた？」「それでどんな気分になったか？」を感情＋数字でチェック。

週次で「ちゃんとやれたか？」を点数化し、もし今週は0だったなら、なぜ時間を取れなかったのかを分析。

月次では「趣味にどれくらいお金をかけたか？」「その投資は満足感に見合っているか？」を考える。

【答えと修正点】

振り返りで回数や時間を記録してみると、「こんなにやっているなら、自分は結構ハマっているんだな」と自覚でき、アイデンティティを得られることもあります。私もトライアスロンの練習がいつの間にか習慣化し、周囲から「ストイックですね」といわれるレベルになって初めて「そうか、これはもう趣味として定着しているんだな」と気づきました。

⑤お金

日次で「衝動的に使ったお金はないか？」「投資や貯金はできているか？」を簡単に振り返る。

週次で「支出アプリを見て、大きい浪費がなかったか？」を確認。

月次で「資産全体がどうなっているか？」「保険・投信・ＮＩＳＡなどはうまく運用できているか？」を集計。

【答えと修正点】

特に学生さんや若い社会人の方には「時給換算してみる」ことを推奨しています。アルバイト代５０００円に対し、スタバの５００円ドリンクを何杯も買ったり、スマホアプリの課金で数千円飛んでいったりするなら、それは収入の何割を使っているのかという事実を知らなければ、将来も同じ浪費癖を抱えたまま大人になってしまう可能性があります。

06

ジャーナルを継続させる技術

日次・週次・月次のジャーナルを習慣化させる

肝心なのは「リスタートできる仕組み」と「やりすぎないこと」

ここまで読んで「こんなに毎日、記録したり振り返ったりなんて、自分には無理……」と思われる方もいらっしゃるかもしれません。

でも大丈夫です。最初はできる範囲でOKだからです。三日坊主で終わったら、週末に「それなら来週からまたやろう」と思えばいいし、忙しかったら「月次のときにだけ、じっくり確認しよう」と割り切っても構いません。

日次ジャーナルのはじめの一歩

5つのカテゴリーに関するその日の出来事と感じたことを1つずつ書き出すだけでOK

健康	出来事	
	感じたこと	
人間関係	出来事	
	感じたこと	
仕事	出来事	
	感じたこと	
趣味	出来事	
	感じたこと	
お金	出来事	
	感じたこと	

大切なのは、続かなかったとしても自分を責めるのではなく、何度も仕切り直せる体制を作ることなのです。

これはまさにフィードバックループの発想と同じで、「想定外の事態が起きるのは当たり前。ならば調整して再度トライすればいい」という考え方です。

さらに、〝やりすぎない〟こともコツです。最初から何項目もチェックリストを作り、毎日完璧に埋めていこうとすると疲弊してしまいます。たとえば、各カテゴリー1つずつ合計5つから始めるだけでも十分です。

そこに慣れてきたら少しずつ項目を増やすとか、週次や月次の振り返りを充実させるとかすればいいのです。

07

振り返りとともに行いたい インプットとアップデート術

人生プランや目標を修正・確認する3つの方法

日次・週次・月次のサイクルを回し、挫折してもリスタートする仕組みを整えることが基本ですが、そこにプラスアルファで「インプットとアップデート」という考え方が必要になります。なぜなら、目標や計画を立てても、肝心の〝材料〟や〝知識〟〝スキル〟が足りないと、そもそも理想に近づけないからです。

以下に記した視点を参考にしてみてください。

①コーチをつける

トップアスリートでも必ずコーチがついています。なぜなら自分一人の主観だけでは見落としている盲点に気づきにくいからです。

ビジネスでも同じで、外部からのフィードバックによって何倍も早く成長できるケースが多々あります。もし費用面で難しいなら、尊敬できる先輩や友人に定期的に時間を作ってもらい、意見を聞くのも有効です。

②本や研修で学ぶ

生涯学習という言葉がありますが、まさに自分が知らない世界の知識やノウハウを取り入れていくことが、コアバリューに沿った行動を可能にする鍵です。新しい資格を取る、セミナーやオンライン講座を受ける、読書時間を意図的に確保するなど、方法はいろいろあります。

③長期的視点でアップデートを設計

たとえば「体力を使って稼ぐのがきつくなってきたから、知的労働にシフトしたい」という場合、いきなり転職しようとせず、まずは夜や週末に少しずつ勉強を始める・コーチングを受けるなどで段階的にスキルを身につけるのがおすすめです。

若い頃は体力で乗り切れた仕事も、加齢に伴って厳しくなるのは当然ですが、その分経験や知識が蓄《たくわ》えられれば、むしろその結晶性知能（経験と知識を活かして解決していく能力）で勝負できる領域が広がります。これこそが加齢とともに成長し続ける秘訣であり、〝右肩上がりの人生〟を実現するための手段だと感じています。

CHAPTER 4　**まとめ**

「感情を可視化するトレーニング」は日々の暮らしの操縦術

健康・人間関係・仕事・趣味・お金という5つのカテゴリーを、感情面と数字面の両方でチェックし、週次や月次で軌道修正しながら走り続ける。その中で足りない知識やスキルがあればインプットとアップデートを計画し、やってみた結果が不調ならフィードバックループを回す。

それらを積み重ねていくと、自分のコアバリューに沿った人生が自然と組み上がり、挫折や遠回りを経ても必ず自分の望む地点へ到達できるようになります。

このように「感情の可視化を日次・週次・月次でトレーニングする」という姿勢が、あなたの人生を一歩ずつ、そして複利的に右肩上がりへ導いてくれるのです。

本章では「感情を可視化するトレーニング」の具体的な方法について解説し

まとめ

ました。日次・週次・月次という3段階、感情面と数字面の2つの視点、そして何度でもやり直せる再スタートの仕組みとインプット&アップデートによる成長が大きな柱になります。

次章では、こうした感情可視化の習慣をどのように最終的に根づかせ、さらにビジネスや人間関係のレベルで応用していくかを考えていきたいと思います。

私たちの生活は世の中の情報や流行、環境変化に日々影響され続けますが、それら外的要因に振り回されっぱなしにならず、自分のコアバリューを軸に〝感情と数字〟を使いこなす生活を手に入れることで、きっと多面的に豊かな未来が開けてくるはずです。

CHAPTER 5

感情モニタリングを習慣化する

前章までで、感情を可視化する重要性やコアバリューとのつながりを学んできました。日次・週次・月次の振り返りを活用し、自分の行動がコアバリューに合致しているかどうかを検証し、必要に応じてアップデートする。そうした基本的なプロセスが整うと、日常生活が大きく変わっていくことはご理解いただけたかと思います。

しかし、頭でいくら「感情の可視化が大事だ」と理解していても、いざ実践に移そうとすると継続が難しかったり、途中で投げ出してしまうケースも少なくありません。意志力や根性に頼るのではなく、日々の生活に自然と溶け込む〝習慣化〟まで持っていくことが重要です。

そのため本章では、「感情を可視化するトレーニングを、いかに日常的なモニタリングとして根づかせるか」をテーマに、さらに深く掘り下げていきます。

「言語化→最適化→最大化」のステップを活用して、日常習慣をどう設計し、どう維持していくかを具体的に解説します。あわせて、便利なツール（アプリやノート）を賢く使う方法や、継続しやすい仕掛けを作るコラムも交え、実用性重視でご紹介していきます。

01 感情を扱うプロになる

習慣として根づかせる意義感情モニタリングを

やって当たり前くらいに設計しておくのがコツ

「言語化し、事実を可視化する→最適化して無駄を省《はぶ》く→さらに最大化を図って大きな成果へ伸ばす」という段階を踏むことで、日常が自然とコアバリューに沿った行動で満たされるようになります。

ところが、多くの人が「やるべきだとは思うけど面倒……」「三日坊主で終わりそう……」などの理由で、いつの間にか感情モニタリングを止めてしまいます。意志は脆《もろ》いもので、外部環境の変化や忙しさによってあっさり崩れてしまうからです。だからこそ、日常に溶け込み、やって当たり前くらいに設計しておく必要があります。

私たちは、あくまで自分自身を取り扱うプロになりたいのです。プロの料理人は「このソースがなければ美味しく作れない」「この道具がないと何もできない」という依存の仕方をしません。あくまで道具は活用するものであって、最終的には自分の腕でコントロールできるのがプロ。これを人生の習慣作りに当てはめると、「アプリやノートなどのツールに振り回されるな。それらはあくまで〝補助輪〟である」という意識が大切です。

アプリが便利だからといって「このアプリがないと管理できない」となってしまうと、それは依存です。アプリサービスが終了したら何もできない人になってしまいます。

道具はあくまで、「なくても進められるが、あると便利」「自分から上手に使いこなしている」というポジションを目指すのが理想ではないでしょうか。

COLUMN

カメラとプロの道具選び

私は「プロは道具に依存しない」という考え方をたとえるときに、よくカメラの話を持ち出します。最高級の一眼レフカメラを持っていても、撮る人がカメラの機能を活かし切れなければ、よい写真は撮れません。逆に、普通のスマホカメラしかなくても、構図や光の使い方を知っている人は見違えるような写真を撮ります。

道具を「ただ持っている」だけでは成果は出ません。むしろ「この高性能カメラがないと撮れない」と考えるようになると、それが手元にないときは何もできなくなってしまいます。

本来、プロは道具を選び、使いこなし、最終的には自分の腕でカバーできるものです。これを自分自身の感情マネジメントにも当てはめると、「特定のアプリやサービスがないとコントロールできない」という状態は好ましくありません。なるべく「道具がなくても最低限は自分でできる。道具があればさらに加速する」というのが理想なのです。

02

言語化→最適化→最大化の3ステップ①
感情を言語化する技術

言語化することで事実と感情を分ける

言語化とは、盲点になっている自分の感情・行動・思考をあぶり出し、客観的に把握する作業です。特に「感情的側面」と「数字的側面」を別々に書き出すことは、私が強く推奨している方法になっています。

たとえば、「ウォーキングを週3回やる」と決めたのに、実際は1回しかできなかった。そこには「どうしてできなかったか?」という感情面の理由もあれば、「あまりに残業が多く時間が取れなかった」という数字的事情もあるか

言語化する2つの側面

感情的側面	数字的側面
・今日一番感謝できる出来事は何か? ・もし1日をやり直せるとしたら、どんな行動に変えられるか? ・明日の目標や、緊急ではないが重要な投資的行動は何か?	・コアバリューに紐づく5つのカテゴリー(健康・人間関係・仕事・趣味・お金)で定めたルーティンを何%達成できたか? ・具体的にどれくらいの回数・時間を費やしたか?

もしれません。

どちらもごちゃ混ぜにすると曖昧《あいまい》な言い訳になりがちですが、「感情的には面倒くささが強かった」「実際は○分しか時間が確保できなかった」と分けて書くことで、原因を明確にできるのです。

この言語化は、「盲点の可視化」の視点からも非常に重要です。人間は何かうまくいかなかったとき、感情的に「疲れていたから仕方ない」とまとめてしまいがちです。しかし数字的に見ると「いや、実はSNSを2時間も見ていたのではないか」と気づく。すると「本当に疲れが原因? 実はSNSに時間を費やしていただけでは?」と修正が可能になります。

03

言語化→最適化→最大化の3ステップ②

最適化＝優先順位を決める

コアバリューに基づき
優先順位を決める

言語化であぶり出された事実をもとに、「何をやめるか」「何に注力するか」「どれくらいの時間やお金をあてるか」を最適化していきます。

健康なら、最重要の運動習慣はどれか？

体力やスケジュールを考慮し、〝これだけは外せない〟２割を決める。

人間関係なら、誰との時間を最優先したいか？　あるいは月１回の家族ディナーに投資するのか？

パレートの法則

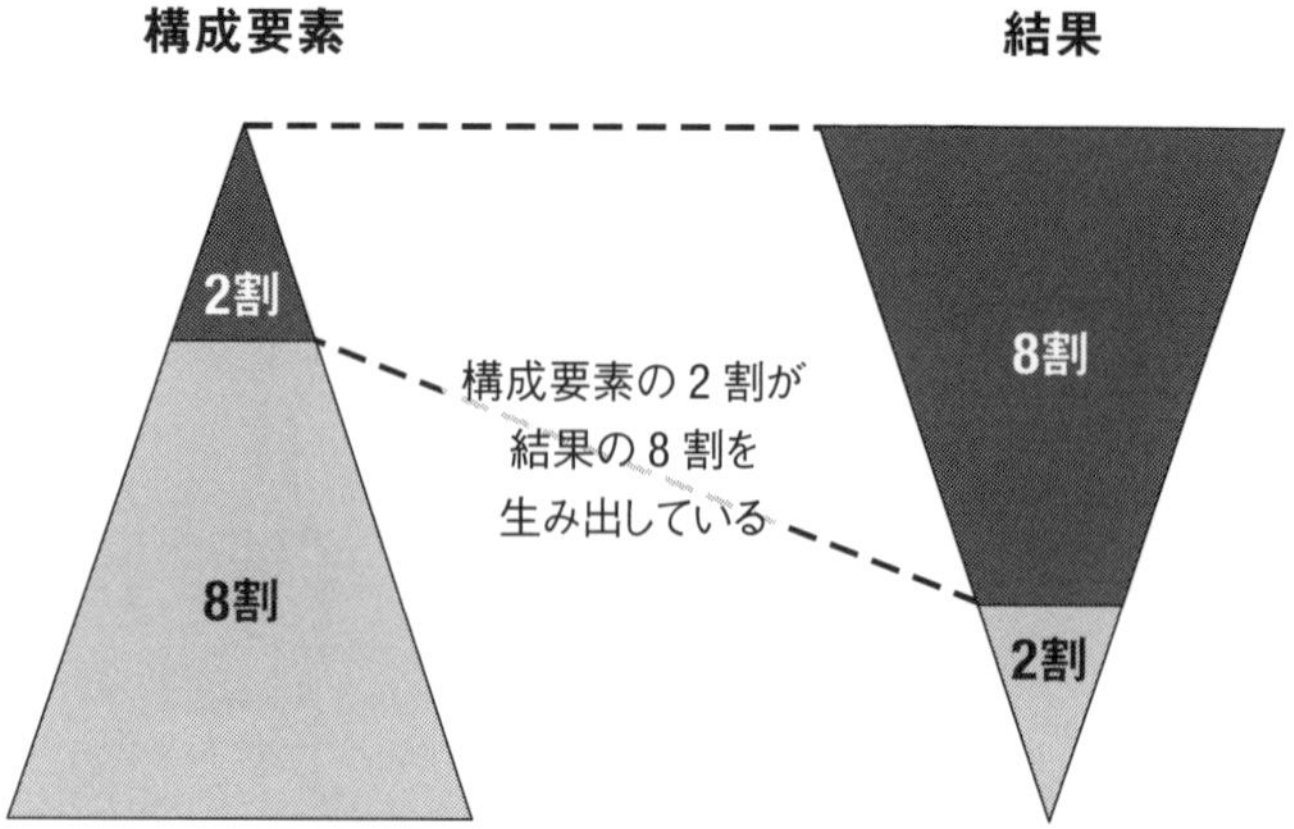

お金の使い方なら、自分にとってコアバリューに直結する投資はどれか？　それを優先し、他の消費・浪費を見直す。

最適化段階では、単純に「全部やる！」と意気込んでも失敗しやすいものです。自分が力を注げる範囲や、スケジュール・体調面に合わせて「最重要な2割」を明確にすることが重要になります。この「最重要な2割」をパレートの法則といいます。

さらに、他人の価値観や、世の中的な流行に安易に乗ってしまわないこと。コアバリューに沿わないのなら、一時的に魅力的に見えても、続けるモチベーションは湧かずに、途中でやめてしまうリスクが高まります。

04

言語化→最適化→最大化の3ステップ③

時間・お金・労力をつぎ込み最大化を図る

最大化させて、最も効果的な行動を徹底的に積み上げる

最適化の結果、「自分が本当に集中すべき行動」が見えたら、そこに時間・お金・労力を投下し、一貫して積み上げる段階が最大化です。

ここで必要になるのが、〝習慣の力〟です。

1日1％の改善を意識し、たった15分でも〝最重要行動〟を実行してみる。

週次や月次で数字を確認し、どれだけ進んだかを自分の成長として実感する。

複利的成長とは

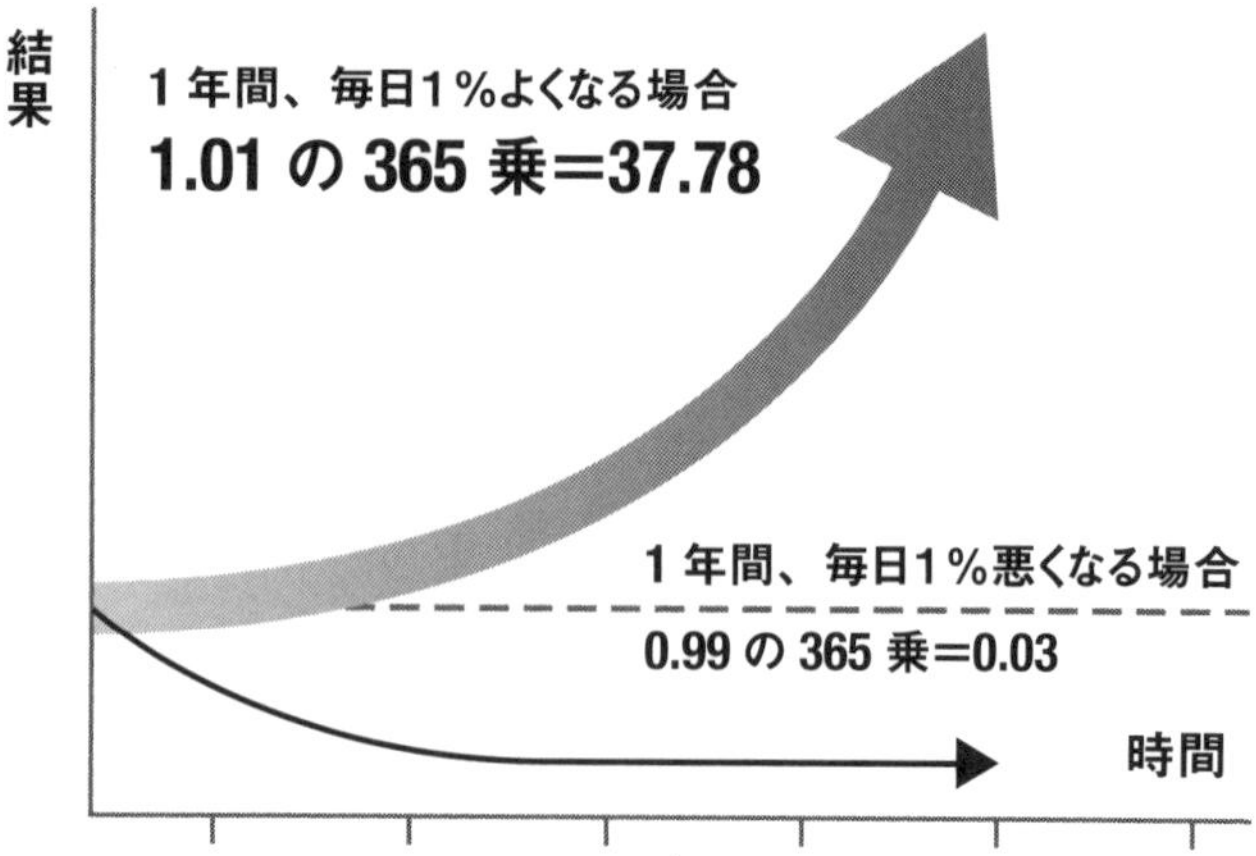

なぜこれが大切かというと、いきなり1時間やろうとするとハードルが高いですが、「15分からならできるかも」と感じられます。

複利的成長の比喩でよく紹介されるように、1日1%の微差改善は1年後に大きな差を生み出す可能性があります。

また、最大化しようとして頑張りすぎると、体力的・精神的に疲れ切ってしまうことがあります。日々の振り返りや週次・月次の計測を活用し、必要なら難易度を下げたり、いったん休息を入れたりする柔軟性も大事です。

COLUMN

意志が脆いからこそ仕組みを活かす

多くの人は、「自分だけは強い意志でやれる」と信じたくなります。しかし現実には、少し忙しくなると運動や学習は続かなくなる。休日は何もしたくなくて一日中ダラダラSNSを見ている、ということも珍しくありません。

意志の脆さは"悪"ではなく、むしろ人間らしさのひとつだと思います。私たちの脳は「エネルギーをなるべく使わないように」設計されているため、どうしても楽なほうに流されがちです。だからこそ、「日次で感情を記録し、週次や月次で数値を検証する」という仕組みが必要なのです。仕組みがあれば、自分の状態が落ちていても"淡々と"ログをつけるだけで微差改善のきっかけが生まれます。

ビジネスでもスポーツでもプロは道具に振り回されず使いこなします。人生の舵取りも同じです。私たち自身をどう取り扱うか、その設計図がコアバリューであり、日常モニタリングがロケットの推進力のように助けてくれるのです。

05

感情を正しく理解するために感情マネジメントに欠かせない5つのポイント

自分の成長過程が明確になる

「言語化→最適化→最大化」というステップを日次・週次・月次の振り返りサイクルに落とし込むことで、自分の感情マネジメントが習慣として定着していきます。

さらに以下のポイントを最終確認として押さえていただければ、より一層深まるでしょう。

①取り組みを可能な限り〝見える化〟する

目に見えないと脳は曖昧に処理します。毎日わずかでも書き出す、可視化することが続きやすい土台になります。

②感情的側面と数字的側面を必ず分ける

感情は嘘をつきやすく、数字の事実を覆い隠しがちです。逆もまた然《しか》り。両面を分けることで、より正確な原因分析と改善が可能になります。

③最終的には自分が道具を使いこなせるか？

アプリに振り回されるのではなく、〝自分でやり方をコントロール〟できる状態を理想にしましょう。必要に応じて補助輪を外す勇気も大切です。

④日常に溶け込ませる工夫を怠らない

「三日坊主」は、誰にでも起きえます。だからこそ毎日書く時間と場所をあらかじめ決める、週次レビューは日曜夜に必ずやるなどルーティンを自分の生活リズムに組み込んでください。

⑤感情は揺れ動くからこそ面白い

モチベーションが低い日や体調が悪い日も出てきますが、そこに一喜一憂しすぎず、ログだけは淡々と取ってみる。次に元気になったとき、その記録が活きてくるのです。

こうしたプロセスを回しているうちに、不思議と「自分って、案外やるじゃないか」「前より確実によくなっている」と自分の成長を実感しやすくなります。あくまで過去の自分との比較（絶対評価）で認められるため、他者と比べて振り回されることも少なくなるのです。

CHAPTER 5 まとめ

日常的な感情モニタリングこそが人生右肩上がりの原動力

CHAPTER5では、感情の可視化を日常習慣として根づかせるアプローチを詳しく見てきました。「言語化→最適化→最大化」というステップは、単なる理論ではなく、毎日の小さなアクションを積み重ねるための実践法といえます。

言語化：感情と数字を分けて書き出し、盲点を浮かび上がらせる。
最適化：コアバリューと照らし合わせ、投資すべき行動と切り捨てる行動を明確にする。
最大化：最重要の2割の行動を徹底し、継続する仕組みを構築する。

これらを日次・週次・月次の振り返りサイクルに落とし込むことで、自分の感情マネジメントが習慣として定着していきます。

そして日常での習慣化が進めば、人生のあらゆる局面で応用がきくようになります。次章では、これをどのようにビジネスの場面に応用し、チームビルディ

まとめ

ングや組織マネジメントに活かせるかといった話を、より具体的に掘り下げていきます。

本章を通じて、「感情モニタリング×日々の行動設計」の大枠はイメージできたのではないでしょうか。ぜひこのステップを〝自分のやり方〟に微調整しながら習慣化に取り組んでみてください。初めは5分でOK、気が向いたら10分。そうして続けているうちに、人生を本当の意味で「コントロールできている」と感じられるはずです。

感情を可視化する日常習慣が、あなたのコアバリューをどんどん開花させ、心身ともに右肩上がりの人生につながることを心から願っています。あなたは「自分自身を取り扱うプロフェッショナル」になり得るのです。あとは実践あるのみ。そしてその実践は、いつでも小さな一歩から始められます。

CHAPTER 6

感情の可視化をビジネスに応用する

私が29歳で美容室を創業し、グループ企業で50億円規模の売上を作ってきた過程で痛感したのは、「人も仕事も、感情を可視化してこそ一貫性が生まれる」という事実です。どんなに立派な理念を掲げても、どんなに高品質な商品を開発しても、〝自分の本音〟や〝仲間の本音〟をすくい取れないまま突っ走ってしまうと、結局は歪《ひず》みや矛盾が生じてしまうのです。

その反対に、小さな行動や改善を地道に積み上げ、「大切にしたい思い」を常に言葉にして共有していけば、形は少しずつでも必ず結果として現れます。失敗や苦悩も、そのままにしておくのではなく「どう再解釈するか」「どう次の行動につなげるか」を考えれば、やがてプロセスに変わります。

「感情の可視化」は、そんな私自身の試行錯誤から生まれたメソッドです。創業当初から現在までのさまざまなストーリーを通して生まれたものです。そのため、ビジネスの現場でこそ、効果が発揮・実感できるものです。ぜひ、みなさまもさまざまなビジネスシーンで活用し、チームビルディングや組織マネジメントに実践していってください。

01

依存→自立→相互依存

ビジネスの質や組織に感情が及ぼす影響

直面するさまざまな問題の多くは感情的な態度や言動が原因

ビジネスにおいては、感情的な反応が組織の理念やミッション、バリューを損《そこ》なうリスクを抱えています。

アメリカ合衆国の投資家・実業家で大ベストセラー『金持ち父さん』シリーズの著者であるロバート・キヨサキ氏が提唱する『キャッシュフロー・クワドラント』は、人々の収入源を4つのカテゴリに分類したフレームワークです（図

キャッシュフロー・クワドラントの4つの区分

① E（Employee ／従業員）

- 企業や組織に雇用され、給与を受け取る立場。
- 収入は雇用主に依存しており、働かなければ収入が途絶える。
- 安定を求める一方で、自分の時間をコントロールする自由は少ない。

② S（Self-Employed ／自営業者）

- 自らビジネスを持ち、個人のスキルや労働によって収益を得る。
- 経済的自由度は上がるが、仕事量が収入に直結し、労働をやめると収入も減る可能性がある。
- 自分の意思で仕事を選びやすくなるが、安定性は E よりも低い。

③ B（Business Owner ／ビジネスオーナー）

- 組織や仕組みを構築し、システムを通じて収入を得る。
- 自分が直接働かなくても収益が発生する仕組みを作ることが求められる。

④ I（Investor ／投資家）

- 資産を活用して資本収益を得る。
- 時間をかけずに収益を生み出せるが、リスク管理が必要。

4つの区分の中で、多くの人はE（従業員）としてキャリアをスタートする。しかし、より自由な働き方を求める場合は、S（自営業者）、B（ビジネスオーナー）、I（投資家）へと進んでいくことが望まれる。

参照）。この分類は、単なる職業の違いを示すだけでなく、お金と働き方に対する意識の違いを表しています。

Ｅ（従業員）からＳ（自営業者）へとステップアップする過程は、単なる働き方の変化ではなく、「依存から自立へ」の転換とも言えます。スティーブン・Ｒ・コヴィー氏の著書『７つの習慣』では、「依存→自立→相互依存」のプロセスが示されています。この概念は、キャッシュフロー・クワドラントのＥからＳへの移行とも共通しています。

依存状態の特徴（Ｅの状態）

- 会社や上司の指示に従うことが求められる。
- 組織の方針や評価に感情が左右されやすい。
- ストレスの要因が外部にあり、自分ではコントロールしづらい。

自立への第一歩（Ｓへの移行）

- 自分のスキルや能力で生計を立てる意識を持つ。

「依存→自立→相互依存」という発展段階

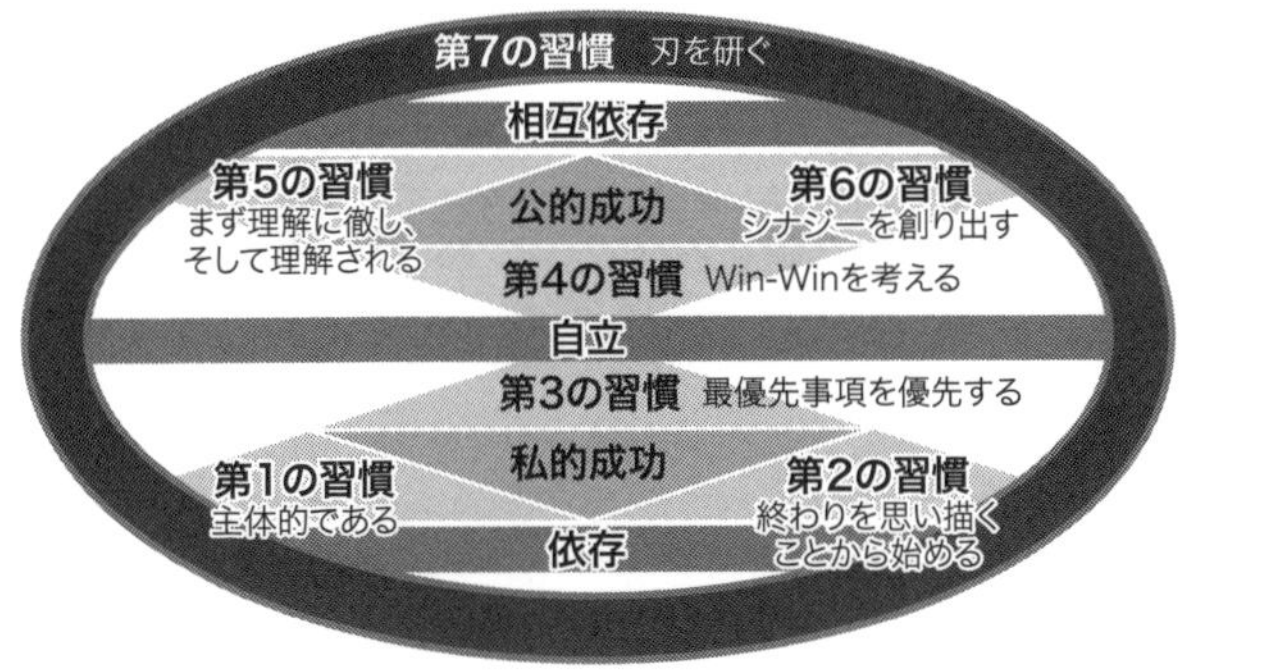

第１～第３の習慣を身に付けることで、依存から自立へと成長し、第４～第６の習慣を実践することで、信頼関係を築き、相乗効果を発揮させることができる。

- 仕事を選ぶ自由が増えるが、責任も増大する。
- 失敗や困難を乗り越えるために、感情の管理が不可欠となる。

ここで重要なのが「感情の可視化」です。ビジネスを成長させるためには、冷静な判断が求められます。しかし、人はストレスがかかると感情的に行動しがちで、それが判断ミスや無駄なエネルギー消費につながります。

たとえば、Ｓ（自営業者）になったばかりの人が、クライアントの言動に過剰に反応しすぎると、効率的な仕事ができなくなります。逆に、感情の可視化を行い、適切にマネジメントできるようになると、冷静に対処し、ビジネスの質を向上させることができます。

組織内での感情の影響とキャッシュフロークワドラント

E（従業員）やS（自営業者）の立場で働く人は、特に感情の管理が業務や組織に大きな影響を及ぼすことを認識する必要があります。

E（従業員）における感情の影響

- 上司の態度や指示の仕方が、部下のモチベーションに大きな影響を与える。
- 感情的な指示は、組織の理念やミッションの浸透を妨げるリスクがある。
- 感情的な反応がチームの雰囲気を悪化させ、生産性を低下させる。

S（自営業者）における感情の影響

・自分の態度が直接、クライアントや取引先の信頼につながる。
・感情に振り回されると、適切なビジネス判断ができなくなる。
・目標達成に向けた自己管理が必要で、感情の可視化を通じて自己成長を促すことが重要。

感情を適切に管理できる人は、E（従業員）としても優れたリーダーシップを発揮しやすく、S（自営業者）としてもビジネスを成長させる力を持つようになります。

最終的に、感情を可視化し、管理することはビジネスの成長と自己成長の両方に直結します。

①感情の整理による冷静な判断

・クライアントや顧客とのやりとりで冷静な判断ができる。
・無駄な感情に振り回されず、計画的な行動がとれる。

②ストレス管理とパフォーマンス向上

- 目標達成に向けた行動が継続しやすくなる。
- 感情に左右されず、安定した成果を出せる。

③ビジネスと組織の健全な運営

- リーダーとしての資質が向上し、組織全体の雰囲気を整えられる。
- 部下やスタッフと円滑なコミュニケーションが取れるようになる。

キャッシュフロークワドラントのE（従業員）からS（自営業者）への移行は、単なる働き方の変化ではなく、「依存から自立」への変革でもあります。その過程では、自分の感情をコントロールし、適切にマネジメントする力が不可欠です。

感情の可視化を行い、ビジネスや人間関係の中で「何に依存しているのか」「どうすれば自立できるのか」を明確にすることで、より自由で安定した生き方を実現できます。

02

感情のルーツを掘り下げる「感情の可視化」で失敗を回避する

かつての「親指ラーメン」時代と現代の違い

かつては「職人気質の頑固親父」が作るラーメン店が支持され、不衛生であっても「美味しいから仕方ない」と行列ができる時代がありました。たとえば、スープに親指が浸かった状態でラーメンを提供しても、多くの人がそれを許容して通い続けていたのです。

しかし、時代は変わりました。今では衛生管理や接客が重視されるようになり、美味しいだけでは顧客を満足させられません。同様の味を提供できる店も増えたことで、衛生やサービスを軽視し続ける店は次第に淘汰されていきます。

では、どうすれば「親指ラーメン」的な失敗を回避できるのでしょうか？

その鍵となるのが「感情の可視化」です。これは、自分自身の感情やこだわりのルーツを掘り下げるプロセスで、次のような具体的な効果をもたらします。

①過去の成功体験を客観視

昔のやり方にこだわる理由を分析することで、それが「過去の成功体験」に基づくものであり、現在の市場ニーズとズレていることに気づけます。

②市場や顧客ニーズを取り入れる柔軟性

絶対評価（自分の価値観）と相対評価（市場や顧客の声）をバランスよく取り入れることで、時代に合ったアップデートが可能になります。

【実際の成功事例】

以下は、感情の可視化を実践した2つの事例です。

事例1：10年以上勤務していた中間管理職が自己受容を通じて変化

ある中間管理職は、自己評価が低く、部下に指示を出すのが苦手でした。しかし、感情の可視化を通じて「自分は過去にこれだけの成果を出してきた」という事実に気づき、自信を取り戻しました。その結果、周囲から「堂々としてきた」「明るくなった」と評され、営業成績も向上しました。

事例2：頑固経営者が市場ニーズを取り入れて再成長

こだわり一筋で経営していたラーメン店のオーナーは、売上低迷を受けて感情の可視化を実践。相対評価4割を取り入れて経営を立て直しました。具体的には顧客の声やSNSのフィードバックを積極的に取り入れ、衛生面や接客を改善した結果、売上は1・3倍に回復し、スタッフのモチベーションも向上しました。

03

絶対評価6：相対評価4

プロダクトアウト思考とマーケットイン思考

世の中の声（相対評価）に耳を傾けないと生き残れない時代に

前々項の親指ラーメンの親父が陥ってしまう大きな要因のひとつに、「プロダクトアウト思考」と「マーケットイン思考」のバランスの欠如があります。

多くの職人さんは、自分の作りたいものやこだわり（絶対評価）に重きを置くプロダクトアウトのマインドセットが強く、「美味しいものさえ作っていれば、お客様は必ず来てくれる」と信じ込んでいることが多いです。

これは先に挙げた「絶対評価＝9：相対評価＝1」や「絶対評価＝8：相対評価＝2」といったバランスに偏《かたよ》りがちで、自分が〝最高のもの〟を作りさえすれば、あえて世の中の声（相対評価）に耳を傾けなくてもいいという考えに陥りやすいのです。しかし、それが通用していたのは、まだ情報が限られ、選択肢が少なかった時代までといえます。今やSNSやネット検索で、多くの消費者は簡単に他店の情報や代替品を見つけられます。

たとえば親指ラーメンの親父は「絶対うまい」と自信を持って変わらぬ味を提供し続けているかもしれませんが、同じように美味しくて、なおかつ衛生的で接客もよい店が近所にできれば、お客様はそちらに流れます。いくら腕に自信があっても、マーケットの変化に頑なに目を向けないでいると、気づいた頃にはお客様が離れてしまい、店の存続が危うくなるケースも珍しくありません。

一方で、マーケットイン（相対評価）を基軸に「何が流行っているか」「どんな商品が売れているか」だけを追いかけると、それはそれで生き残りが難しくなることもあります。

世の中のトレンドに合わせすぎると、自分らしい強み（絶対評価）が失われ、どこかで供給過多になったときに埋没してしまうからです。極端な例では、ブームに飛びついて商品ラインナップを一気に変えた結果、そのブームが去ったとたんに誰にも見向きされなくなる……ということも起こり得ます。

つまり、プロダクトアウト＝絶対評価とマーケットイン＝相対評価のどちらか一方に偏《かたよ》ると、いずれ行き詰まるリスクが高いのです。

プロダクトアウト（絶対評価）とマーケットイン（相対評価）のバランスが大切

そこで、「絶対評価：相対評価＝６：４」くらいのバランスが理想的という考え方があります。職人としてのこだわり（６割）をしっかり持ちつつ、残りの４割は世の中の変化や顧客の声を取り入れる、というかたちです。これは長く愛される老舗に共通した特徴でもあるように思います。老舗は頑固一徹だけでなく、時代に合わせてメニューや提供方法を少しずつ変えてきたからこそ生き残っているのです。

実際、長く愛されている商品やサービスの多くは、この「プロダクトアウト：マーケットイン＝６：４」のバランスが取れているように見えます。たとえば、何十年も続く老舗の菓子店では、伝統の味を守りながら、素材や包装だけは時代に合わせて少しずつ見直していることが多いです。また、老舗旅館でも「創業当時の建物を大切に維持しながら、Wi-Fi環境など現代的なサービスもしっかり整備する」などの例が挙げられます。こうした〝頑固さと柔軟さのバランス〟こそが、絶対評価と相対評価をバランスよく取り入れたスタイルであり、結果的に長期的な繁盛を実現しているのです。

プロダクトアウトが悪いわけでも、マーケットインが優れているわけでもありません。大切なのは、自分が掲げるコアバリュー（絶対評価）と世の中のニーズ（相対評価）をいかに程よく組み合わせるかという点です。

いい意味での頑固さを６割に抑え、４割は柔軟に世の中の声を取り入れる——。それが長く愛される店、あるいはビジネスを続けるために欠かせない絶妙な黄金比なのだと思います。

04

感情の可視化がもたらすもの
成長したいと願うのに成長したくないという心理が働く理由

感情の可視化がもたらす変化
成功イメージが進化を拒む？

私が「なぜ昔のやり方を頑《かたく》なに続けていたのか？」と感情を可視化して分析してみたところ、若い頃の成功体験がブレーキになっていたことに気づきました。この理解が、アップデートを受け入れるきっかけにもなりました。

研究や書籍でも「自己認識（Self-awareness）を高めることで、ストレス管理や業績が向上する」というエビデンスが示されています。たとえば、組織行動学（Organizational Behavior）の分野で著名なネブラスカ大学リンカーン校経営学部のフレッド・ルータンズらによる研究では、リーダーが感情的自己認識を高めることで部下のエンゲージメントと生産性が顕著に向上することが報告されています。この研究は、実例を通じてもその効果が裏付けられています。

成功体験とひと言でいっても、実は大きく2つの軸があります。

絶対評価的な観点では、「できなかったことができるようになる」ことが成功と感じられるでしょう。一方、相対評価的な観点では、「周りから褒められたり、認められたりする」ことで得られる充実感が大きな成功要因になります。

しかし、実はこれら2つの成功イメージが、〝進化を拒む理由〟にもなっている可能性があるのです。

新しい行動や学びに対する大きな〝怖さ〟

昔のやり方に固執してしまうのは、私たちが新しい行動や学びを始めるときに抱く、2つの大きな〝怖さ〟からです。

1つめは、せっかく身につけたやり方を変えた結果、「もしできなかったらどうしよう」という不安です。できない自分を受け入れるのは、何ともいえない自己否定感をもたらし、若い頃に築いた自信が揺らいでしまう。それが怖いからこそ、なるべく未知のチャレンジを避け、今のやり方を死守するほうが心理的にラクだと感じるのでしょう。

2つめは、「新しいことを覚える必要性を実感できない」ことです。過去の成功体験から得たやり方で、当面の安定を得られているため、「今さら頑張って何になるの?」という思いが湧きやすいのです。

たとえば、人類が狩猟民族から農耕民族へと移行した背景には、〝不安定だった日々の食糧確保〟を〝農作物による安定〟へと変えるメリットがはっきりと存在していました。

人類規模で見れば一大転換だったものの、「それをやる価値が十分ある」と確信できたからこそ、手間のかかる農耕の技術を身につけたのです。

翻《ひるがえ》って、今私たちが日常で感じている安定——たとえば昔ながらの成功体験に基づくやり方――は、本当に永遠に続くのでしょうか。

実は、それが〝永遠には続かない幻想〟かもしれないからこそ、親指ラーメンの親父のように「自分の味だけ信じて、店を衛生的に保つことやサービス改善を怠《おこた》っていたら取り残される」という事態が起きるのです。

こうした〝安定の幻想〟を打ち破る方法として、日々の振り返り（ジャーナリング）は非常に有効です。毎日、あるいは週や月ごとに、自分の行動や数値をロギングしておけば、前回よりほんの少し上達したことが客観的に見える一方、何もしないとわずかずつ下降しているトレンドも可視化できます。

「調子がいいから大丈夫」と思っていても、月単位・年単位で見れば確実に伸び悩んでいたり、健康面がじわじわ低下していたりするかもしれません。逆に、ゆっくりでも小さな積み重ねを続ければ、1年後や3年後には大きな差になっているとわかるのです。

COLUMN

結果よりも推移が大切

健康診断を毎年受けている人を想像してみてください。単年の結果だけ見て「去年より血圧がちょっと高い」「今回はA判定だから安心」など、一喜一憂しがちですが、重要なのは推移を見ることです。5年後、10年後までのデータを並べると、「あれ、3年前から血糖値がじわじわ上がっているぞ」といった危険サインをいち早く発見できるかもしれません。

同じように、仕事や学習面でも「最近は同じやり方ですませているけれど、実は効率が落ちているかも」「ほんの少し新しいスキルを試してみたら、思ったより成果につながりそう」といった微差をとらえるきっかけになるのです。

05

客観視のすすめ 日次・週次・月次の振り返りが新しいスタートを生む

今の自分を疑い、客観視することでやるべきことが見えてくる

私も過去を振り返ってみると、若い頃の成功体験を宝のように胸に秘め、それを変えることを恐れていました。ですが、「自分のやり方こそが絶対だ」と思い込むほど、世の中の変化を受け入れられない状態になっていたと気づきました。

実際に日次・週次・月次で振り返りのログを取ってみると、「あれ、この数字って思ったより伸びていない」「やり方を少し変えたほうがいいかも」と、客観的に自己評価ができるようになりました。「できないかもしれない」という怖さを抱えたままチャレンジした結果、思った以上にスムーズに新しい技術を身につけた経験もあり、「自分が思っていたほど不可能ではなかった」と心から安心したのを覚えています。

つまり、私たちが「昔のやり方」を守りたがるのは、人間にとって自然な防衛本能です。しかし、その防衛本能が過剰になると、かえって未来への成長を閉ざしてしまいます。だからこそ、「日次・週次・月次の振り返り」という客観的な事実ベースのチェックポイントを設け、徐々に〝新しい一歩〟を踏み出すことが大切です。

「昔のやり方のままで本当に大丈夫か？」

「市場ニーズとずれていってはいないか？」

こうした問いを常に投げかけ、振り返りの数字や記録を見比べながら答えを探すプロセスこそが、〝若い頃の成功体験に縛られない生き方〟へとつながる鍵になるのです。

06

ビジネスに役立つ感情の可視化

感情の可視化の3ステップ リスク↓解決策↓結論

感情を整え、時代に合った経営へ

このように「感情の可視化」を通じて自己受容を進め、自分の価値観と市場ニーズをバランスよく取り入れることで、ビジネスの成長と個人の満足感を両立することが可能です。感情の可視化を行わず、過去の出来事や感情の振り返り、アップデートをしないまま経営や管理を続けると、以下のような重大なリスクの発生が懸念されます。

リスク①：他人軸依存の部下が自立しない

指示待ち人間が量産され、上司が「自分で考えて動いてくれない」と、さらに感情的になる悪循環が生じる。

リスク②：自分軸過多の経営者が市場を無視

「親指ラーメン」的な頑固経営が顧客離れを招き、気づいたときには財務的に手遅れとなる。

リスク③：社内外からの信頼低下

理念やバリューを掲げても現場が感情的対応を繰り返すことで、企業文化にダブルスタンダードが蔓延し、優秀な社員の離職や評判の悪化につながる。

リスク④：事業継続へのダメージ

売上や利益に悪影響が及び、最悪の場合、廃業や倒産のリスクも。

SNSでの悪評拡散が容易な現代では、「こんなはずではなかったのに」と後悔しても遅いです。一貫性のない言動が大きなダメージを与えかねません。感情的なマネジメントを防ぐためにも、感情の可視化とコアバリューの再設定が重要です。

感情理解から始める一連のプロセス

こうしたリスクを回避するためには、以下のような感情の可視化を実行することが解決策となります。

解決策①：4つの不快と快を振り返り、感情傾向を理解

不安↕安心、寂しさ↕つながり・愛、退屈↕変化・刺激、劣等感↕特別感の軸を活用し、過去の出来事や感情を分類。たとえば、部下とのやり取りで、自分の不安が叱責の原因だったのか、相手が劣等感を抱えて反抗的になったのかを客観視する。

解決策②：コアバリューと会社軸のすり合わせ

自分のコアバリュー（愛・貢献・挑戦など）を明確化し、会社の理念やバリューとの接点を見出す。部下にも同様のプロセスを促《うなが》すことで、トップダウンではなく自発的な行動を引き出す。

解決策③：絶対評価だけでなく、相対評価を導入

絶対評価9割ではなく、市場や社員の声（相対評価）を4割程度採用。顧客フィードバックやSNSレビュー、社員アンケートなどを活用し、環境変化への適応力を高める。

解決策④：日次・週次・月次の振り返りに会社目標を追加

健康、人間関係、仕事、趣味、お金といった個人目標に加え、会社のKPIや理念に関する振り返りを実施。たとえば、「今週、理念に反する言動はなかったか？」をチェックし、小さな改善を積み重ねる。

解決策⑤：継続的なフィードバックループを構築

挫折しても週や月の切り替えでリスタートできる仕組みを活用。定期面談や経営会議で「なぜそう感じたのか」を問うフィードバックを習慣化。

結論としては、感情の可視化やコアバリューの再設定を通じ、一貫性のある行動を積み重ねることで、ビジネスのパフォーマンスは飛躍的に向上します。

個人の感情と組織のビジョンが整合すれば、E・Sレベルのリーダーでも成果を出せます。依存から自立、さらに相互依存へと進む組織風土が醸成され、理念が社内外に浸透する良循環を生むからです。

「感情の可視化なんて面倒だ」と感じるかもしれませんが、それを怠ることで発生する離職率増加や売上低迷、顧客クレームなどのリスクは計り知れません。一歩一歩積み上げることで、複利のように効果が蓄積され、一貫性のある経営スタイルが実現します。

07

強固な組織の作り方

チームビルディングと感情の可視化

感情を蔑ろにすると組織運営は空回りする

チームビルディングやモチベーションといった言葉はよく使われますが、それらの「定義」がバラバラのまま使われている例が散見されます。

たとえば会社の評価制度を作ろう、理念やミッションを周知しようという場面で「チームビルディングって何？」「モチベーションとは？」と問われると、人によって解釈が違っていたりします。しかも、誰かが作った定義をそのまま自社に当てはめても、実情に合わなければ形骸化してしまいがちです。

実際、私も経営理念を初めて掲げたとき、見た目だけ立派な言葉を並べて社内に貼ってみたものの、スタッフがまるで他人事のように扱い、なんの行動変化も起こらないという事態を経験しました。言葉だけでは人の感情は動かないことを痛感した瞬間です。

前述したロバート・キヨサキの『キャッシュフロー・クワドラント』のE（Employee：従業員）、S（Self-employed：自営業者）の層においては、特にチーム作りが曖昧なまま進められるケースが多いように感じます。

上司やオーナーが「うちの会社はチームワークが大切だ！」と叫んでも、共通言語が定まっていないと、それを聞く従業員や自営業者仲間は「何を、どうすればいいの？」と困惑し、途中で挫折してしまうわけです。

こうした状況が続くと起こりうる問題は次のようなものです。

問題点①：理念やミッションを「唱和」するだけの形骸化が進み、実際の行動・成果に結びつかない。

問題点②：社員・スタッフは「形だけのチームビルディング研修」などで疲弊し、やっても意味がわからないままに終わる。

問題点③：経営者が本当に求める組織像と、現場の感情レベルでの納得が噛み合わず、人材の離職やモチベーション低下を招く。

つまり、会社としては「チームをまとめたい」「共通言語で評価制度を作りたい」と願うのに、実際には言葉ばかりが先行し、スタッフの本音（感情）は置き去りになってしまっているのです。

感情の可視化による〝自分軸〟と会社理念の整合

そこで解決策となるのが、「感情の可視化」を通じて社員一人ひとりの〝自分軸〟を明確化し、会社の理念・ミッション・バリューとの整合性を取りながらチームビルディングを行う方法です。

感情可視化は4つの不快・快（不安↕安心、寂しさ↕つながり・愛、退屈↕変化・刺激・成長、劣等感↕特別感）の軸を使って、自分のコアバリューを丁寧に言語化するプロセスでした。

そしてそのとき、大切になるのは「整合性と階層の概念」です。

自分が本当に感じている不快はどこから来ているのか？

それを快に変えるにはどんな行動が必要か？

という内面の声を拾いつつ、会社が掲げる理念やミッションと合致するかを確認していくわけです。

この行為をビジネスに置き換えると、会社の理念や評価制度を「外から与えられるお題」ではなく、「自分自身の感情と重ね合わせて腹落ちさせる共通言語」と自分自身に認識させることです。会社の言葉にスタッフの感情を合わせようと一方的に押し付けるのではなく、スタッフ自身が「自分が大切にしている価値」と会社の理念の重なりを見出すことで、一貫性のあるチームビルディングが可能になるわけです。

08 伸びる組織運営の法則

コアバリュー×会社理念の伴走者スタイル

組織の一人ひとりがコアバリューを持つ

モチベーションは外部から一瞬だけ高められても、長期的に続きません。上司やオーナーに「もっとやる気出して」といわれても、なかなか持続しないのが現実。なぜなら、自分の〝やりたいこと〟と会社の〝方針〟の間に整合性が感じられないからです。

感情の可視化を通じ、社員が自分のコアバリュー（成長・変化・愛・つながりなど）を明確にすれば、「今やっている業務が自分のコアバリュー実現につながるのか」を判断できるようになり、その結論が「Ｙｅｓ」ならばモチベーションを自ら引き上げ、持続できるわけです。

実際、私が研修してきた組織では「自分の成長実感＋チームの評価基準」を両立する仕組みを作り、長年業績が低迷していたスタッフが急に成績を伸ばした事例が何度も起きています。

これらを総合すると、私は伸びる組織運営には「伴走者型リーダーシップ」がベストと考えます。

フィットネスジムの最大手であるライザップの成功要因は、「伴走者」としてのパーソナルトレーナーでした。ビジネスのチームビルディングも同じです。経営者・リーダーが「お前ら頑張れ！」と押し付けるのではなく、社員一人ひとりのコアバリューを引き出し、その先にある〝会社のミッション〟とどう接続するかを一緒に考えてあげる。

このリーダーシップのスタイルが「モチベーションの持続」を生むわけです。

09

常識外に成功の鍵がある「未知の窓」に徹底的に向き合う

キーエンスの営業スタイル本質的な課題を掘り下げる

日本で高収益企業として知られる「キーエンス」。同社の営業方針に「お客様が欲しいものは提供しない！」という一見非常識とも思えるエピソードがあります。しかし、この姿勢の背景には、ジョハリの窓（224ページ図参照）でいう「未知の窓」（自分も相手も気づいていない領域）に徹底的に向き合う姿勢があるのです。

【キーエンスの営業スタイル例】

クライアント：「iPadが欲しいんですけど…」

営業マン：「なぜ、iPadが必要だと思われるのですか？」

クライアント：「勤怠管理がもっと簡単にできると聞いたので、小回りも利きそうだし……」

営業マン：「なるほど！　小回りを利かせて勤怠管理を改善したいのですね。現状の勤怠にはどんな課題が？」

クライアント：「実は○○という不便があって…」

このように、キーエンスの営業マンは顧客の表面的な要望に応じるのではなく、「なぜそれが必要なのか」という本質的な課題を丁寧に掘り下げます。その結果、「iPad」ではなく自社の「A製品」が実際に顧客の課題を解決する提案へとつながります。同じ製品でも多様な価値を提示するこのスタイルが、キーエンスの高収益を支えているといえます。

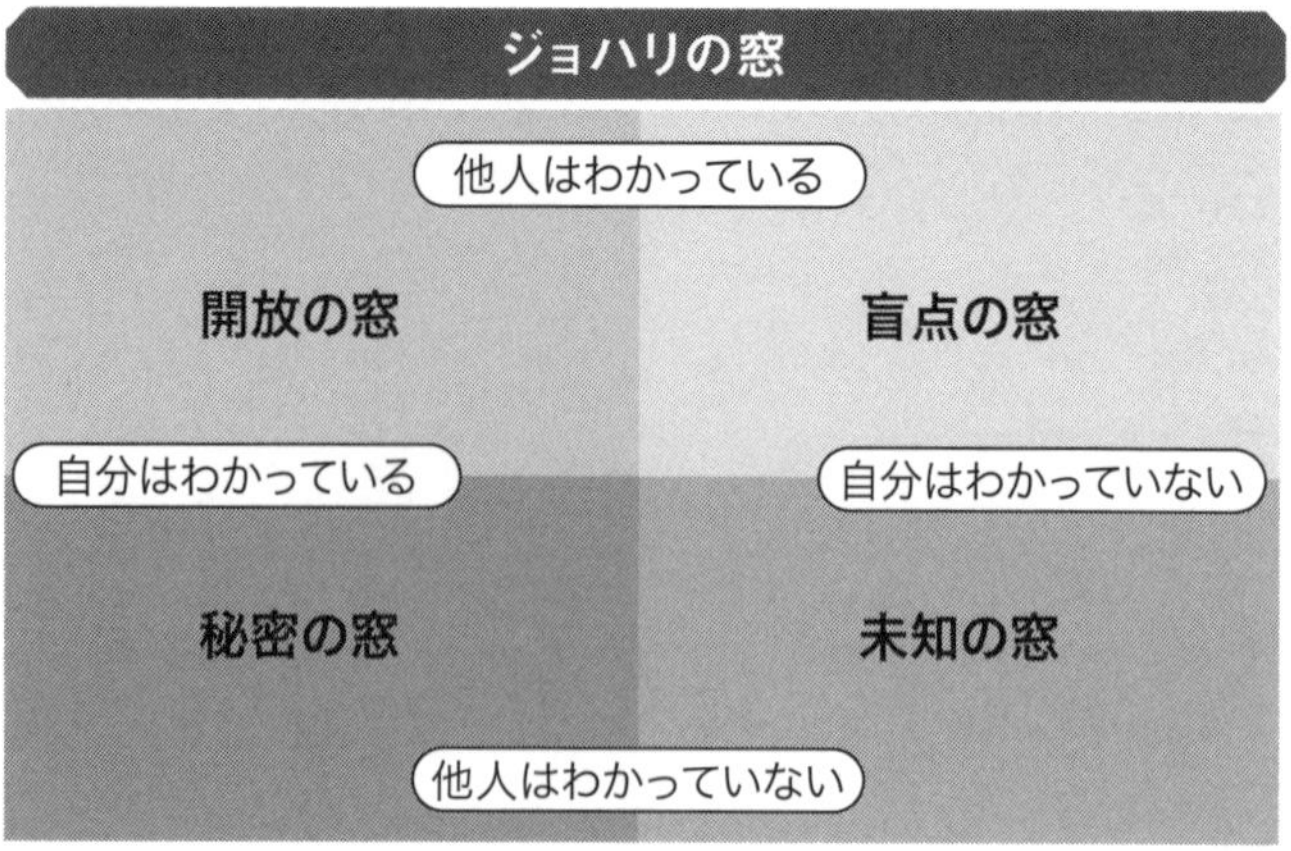

ジョハリの窓は、自己分析をしながら他者との関係を知ってコミュニケーションを模索する心理学モデルとして生まれた。

私たちの美容や飲食事業でも、同じように「顧客が何を求めているか」を掘り下げることを重視しています。たとえば、「こういうメニューが欲しい」といわれた場合、そのリクエストにただ応じるのではなく、「なぜそれが必要なのか？」「現状どんな課題を感じているのか？」といった感情や背景にまで踏み込んで理解を深めます。

表面的な「ウォンツ（あったらいいな）」では、顧客の満足は得られても感動にはつながりません。私たちが目指すのは、顧客自身がまだ気づいていない「盲点」を一緒に見つけ出し、真に喜ばれる商品やサービスを提供することです。「未知の窓」を共有することが、顧客の深い満足と信頼へとつながります。

ジョハリの窓から見た〝自分も相手も知らない領域〟へのアプローチ

「未知の窓」は、心理学者のジョセフ・ルフトとハリー・インガムによって提唱された「ジョハリの窓」というモデルに登場します。ジョハリの窓は、自己と他者の認識のズレや、コミュニケーションでの盲点を4つの領域に分けて示した枠組みです。

たとえば、あるAさんが「自分は社交的だ」と思っていて、周りも「Aさんは社交的だよね」と認識しているなら、それは「開放の窓」です。一方、Aさんは無自覚だが周りが「Aさんは意外と緊張しやすいな」と感じている部分は「盲点の窓」にあたります。

しかし、ここでいう「未知の窓」は、当の本人も気づいていないし、周りもまだ気づいていない領域を指します。イメージとしては、「眠れる可能性」「ひそむ課題」「本人すら自覚していない願望」などが潜んでいる場所です。

一般的に「人と人がわかり合うのは難しい」といわれるのは、互いに自分の「開放の窓」ばかりを表に出し、隠れた感情や本音（盲点の窓や秘密の窓）を共有しないからです。さらに、最も奥深い「未知の窓」は当人すら意識できていないため、何かしらのきっかけや対話を経ないと表面化しません。

「自分が本当に好きなことや得意なこと」

「顧客が表に出さない〝不満〟や〝潜在ニーズ〟」

「社員が言えずにいるモヤモヤや、新たなアイデアのタネ」

これらが「未知の窓」に眠っているとすれば、それを丁寧に掘り起こすことができたら、ビジネスでも大きなチャンスとなります。

「未知の窓」に向き合うための具体的ステップ

①自分側の「未知の窓」を認める

大前提として、「未知の窓」という領域が誰にでもあることを受け入れましょう。これは、自分が思っている以上に、自分という人間をまだ理解しきれていないという自覚を持つことです。

「自分はこれが得意だし、弱みもわかっている！」と信じていても、実はまったく別の隠れた強みや、逆に大きな弱点があるかもしれません。「私、〇〇が大好きだ」と言っていたけど、実は〝愛着〟ではなく〝惰性〟で続けているだけだった、という発見もあり得ます。

「感情の可視化」は日々のジャーナリングや振り返りを使って自分の思考や行動を客観視し、無意識に思い込んでいた感情に光を当てる手法です。これを続けると、「あれ？自分は人に囲まれるのが好きだと思っていたけど、ひとりの時間をすごく大事にしてるな……」などの気づきが生まれます。こうした小さな発見こそ、「未知の窓」を少しずつこじ開けるきっかけになり、自分が本当に求めている豊かさや得意分野を再発見できます。

②相手（顧客・社員・取引先）の「未知の窓」を前提に対話する

ビジネスシーンで「未知の窓」を意識する意味は、顧客や社員が自分も気づいていないニーズや不満、可能性を持っているという前提を共有することです。

◎顧客の場合

「お客様が欲しいと言っているから作る（マーケットイン）」だけでは不十分で、お客様がまだ言語化できていない悩みや、新しい欲求を拾う姿勢が大切。言い換えれば、キーエンスの営業のように「なぜそれが必要ですか？」を丁寧に問うことで顧客の未知の窓を開くわけです。

◎社員の場合

部下が言っていることをそのまま受け取るのではなく、「言葉以外の感情」を見ようとするアプローチが必要。何かモヤモヤを抱えていても、部下自身が自覚していないケースも珍しくありません。

たとえば「仕事がつらい」と言う部下が、実は「成果が認められないことが嫌」なのか「上司とのコミュニケーション不足が原因」なのか、あるいは「そもそもこの仕事が向いていないのか」――自分でもはっきりわかっていない場合に、リーダーがうまく対話で引き出し、本人が新たな気づきを得れば大きな成長につながります。

③自分と相手の「未知の窓」を楽しむ――未知の窓がもたらす可能性

未知の窓というと「闇」「潜在的な問題」とマイナスイメージになりがちですが、〝未知〟とはまだ見ぬ宝庫ともいえます。特にビジネスでは、みんなが思いつかなかったヒット商品や新ビジネスモデルが「未知の窓」から発見されるケースが多いのです。

たとえばあるスポーツブランドがキッズ向け製品を展開し始めたとき、当初は親目線での「子ども用」の要望に応える形でした。ところがヒアリングを徹底すると、「子どもが本当に望んでいる機能やデザイン」は、親が思っていたものと違うところにあることが判明。親子双方の「未知の窓」に目を向けた結果、単に子ども用サイズを作るだけでなく、汚れにくい生地や子どもがワクワクするデザインなど「大人の真似」ではない独自ラインを確立し、大きな成功を収めた事例があります。

COLUMN

家族との対話から得た教訓

私には8歳と6歳の娘がいます。仕事が忙しくても、彼女たちの考えや感情に耳を傾ける時間を大切にしています。たとえば､映画を観たあとに「どこが印象に残った？」と尋ねたり、寝る前に「今日の幸せ探し」をしたりしています。

ある日、長女が「○○が嬉しかった」とスラスラ答える一方で、次女はお姉ちゃんに答えを誘導されてしまう場面がありました。この経験から、大人の世界でも同じことが起こると気づきました。上司が「つまりこういうことだよね？」と部下に答えを誘導してしまえば、本来の本音や感情は出てきません。

私自身もかつて「部下が自分で考えて動かない」と嘆いていた時期がありましたが、振り返れば、私こそが彼らの話を遮り、自分の都合のよいストーリーに当てはめていたのです。これでは相手の本当の感情を知ることはできず、ビジネスでも顧客の本質的なニーズを見逃してしまう原因になります。

10 真の顧客満足度を得る

「未知の窓」を丁寧に扱い本当に必要としている価値を知る

感情を無視した押し付けでは信頼は勝ち取れない

時代は変化しました。戦後の「全国民が中流を目指す」時代や、「24時間戦えますか?」というCMで鼓舞すれば皆ががむしゃらに働く時代は、もう過去のものです。現在は物質的・情報的にも満たされた時代。特に若い世代では、「自分の幸せ」や「自分のコアバリュー」を最優先にする認識が一般化しています。

このような時代背景を無視して、会社が「社会のために! 会社のために!」

と一方的に叫ぶだけではどうなるでしょうか？

社員は〝道具〟として扱われていると感じ、次第に離れていきます。社員のモチベーションは上がらず、「最近の若者は理解できない」と嘆く経営者や上司が取り残される結果に終わるでしょう。

これは過去の日本が築いてきた〝感情のパラダイム〟を更新せず、そのまま無意識に引きずっている状態といえます。過去の認識をアップデートしない限り未来も変わりません。つまり、「未知の窓」に潜《ひそ》む感情を共に探るという前提を受け入れなければ、ビジネスや家庭内での信頼関係は築けないのです。

感情を軽視したままでは、顧客や社員が「この会社はいっていることと、やっていることが違う」と感じ、組織全体の信頼が失われます。それが市場での競争力低下や人材流出へと直結し、事業継続が困難になる可能性があります。

感情に寄り添うことは決して無駄な手間ではありません。むしろ、それを怠ることで起こり得る失敗やトラブルのほうが大きな損失を招きます。感情データを活用し、「未知の窓」に光を当てることで、顧客満足度や事業継続性が飛躍的に向上します。

あとがき

ここまで読んでくださった皆さん、本当にありがとうございます。

自分の感情と向き合う作業は、言葉でいうほど簡単ではありません。今までの私も「努力すれば大丈夫」「根性でなんとかなるはず」と、すべてを〝やる気〟に押し込めようとしていました。しかし、振り返ると〝やる気〟や〝根性〟に依存していたからこそ、いくつもの大切なものを見逃してきたように感じます。

この本を書き終えるにあたって、改めて実感したのは「感情を可視化する」というプロセスは、私たちが思う以上にパワフルな効果をもたらすということです。特に、日々の生活の中では些細《ささい》に見える感情の波や違和感が、やがて人生の大きな岐路を決めることにつながるからです。

だからこそ、小さなモヤモヤやイライラを蔑《ないがし》ろにせず、〝言語化〟してみる。体裁を気にせずノートに書き殴ってみる。そんな地味な作業からこそ、自分が進むべき道筋がはっきりしてくるという確信を得ました。

感情というのは流動的で、〝スッキリ解決！〟とはいかないことも多いです。ある部分では安定したと思ったら、別の部分で新たな不安や劣等感が出てくるかもしれません。だけど、今の自分は、それをネガティブに捉えなくなりました。「また出てきたか。でもこの不快は、どの〝快〟を求めているのかな？」と振り返り、行動を微調整すればいいのだと気づいたからです。

そして本書では、私の個人的なエピソードや、多くの方の事例を交えながら、「どういうステップを踏めば感情を可視化できるのか？」をお話ししてきましたが、書き進めるうちに、私自身も再度「なぜこれを続けているのか」「どんな未来を描きたいのか」を問い直し、感情の大切さを再確認できました。

そもそも、私がこのテーマを深掘りしようと思ったきっかけは、ある先輩からの何気ないひと言でした。

「良太の話を聞いていると、まるで〝人と関わらずにいたい〟みたいに見えるけど、それが本当の望みなの？」

と問いかけられたとき、心にハンマーで打ち込まれたような衝撃を受けました。自分では「人が好き」「コミュニケーションを大切にしている」と思い込んでいたのに、実際の言葉や態度はまるで逆……。その矛盾を突きつけられた瞬間、〝無意識〟に放置してきた感情とのズレに気がついたのです。

そこから始まった感情の可視化は、最初は「こんな面倒なこと、いつまで続ければいいいんだ」と自問する日々でした。でも、日次や週次・月次の振り返りを積み上げるうちに少しずつ変化が訪れました。相手の言葉を最後まで聞けるようになったり、「自分はどう感じているのか」を自覚して発言できるようになったり。いちばん大きいのは、「あれほど無意識のまま振り回されていた感情に、少しは自分でハンドルを握っている」という感覚を得られたことです。

不快や不安がゼロになることはありません。人間である以上、感情は湧いて出るものです。それでも、可視化して理解しようとする姿勢があるかないかで、行動や結果は大きく変わってくると思います。

何より、自分自身との付き合い方が少しでもうまくいくと、周囲の人との関係性も楽になっていくのです。家庭や仕事、趣味やお金の分野で「自分はどう生きたいのか」「自分なりの価値をどこに置くのか」を軸に行動すると、すごくスムーズに力が発揮できる瞬間が増えていきます。

本書ではいろいろな例を挙げてきましたが、私が最も伝えたかったのは「今あるやり方に固執せず、未来を変える余地がどんな人にでもある」ということです。

若い頃の成功体験がブレーキになっていることにすら気づかないまま、時代の変化に取り残されるのは本当に惜しい。だからこそ、外部の声（相対評価）に少し耳を傾けながらも、自分の芯（絶対評価）を磨くというリバランスが欠かせないのだと痛感しています。

感情の可視化は、決して特別な才能や高価な機材がいるわけではありません。手書きノートや無料アプリでもできるし、かける時間も1日15分から始められます。

本書を読み終えた今、「ここまでやってみようか」と思える部分がどこかにあれば、ぜひ実践してみてください。最初は習慣にするのが大変かもしれませんが、小さな成功体験が積み重なると、確実に「こうやれば、気持ちよく過ごせるかも」という感覚が身についてきます。

最後になりますが、この本を完成させるうえで、これまで私に学びを与えてくださった先輩、仲間、スタッフ、お客様、そして家族に心から感謝しています。また、日々のジャーナリングを通じて自分自身と対話する中で気づいたこと、それを継続させてくれたあらゆるツールや環境にも感謝の気持ちが絶《た》えません。

もし、本書をきっかけに「感情を可視化する」ことの大切さに少しでも興味を持っていただけたなら、あなたの人生の軌跡はきっと新しいステージへ動き出すと信じています。そして、その先で得る小さな実感こそが、〝右肩上がりの人生〟を支える大きな原動力となるでしょう。

最後までお読みいただき、本当にありがとうございました。

あなたの毎日が、少しずつ〝自分らしく、そしてより豊か〟に変わっていくことを願って。

２０２５年２月

岡城良太

【プロフィール】

岡城良太（おかしろ・りょうた）

1978年島根県生まれ、岡山県出身。株式会社CHIMJUN代表。高校卒業後、美容師国家資格を取得し、19歳で個人月間売上200万円を達成。21歳で店長に就任し、1年で店舗売上を5,000万円増加させるなど、若くして経営と人材育成において卓越した実績を築く。
29歳で沖縄に美容室をオープン後、沖縄・岡山・東京に拠点を広げ、化粧品や食品など多角的に事業を展開し、グループ売上累計50億円規模の企業へと発展。
現在は「CHIMJUN」というライフスタイルブランドを手掛け、累計10万本以上を売り上げたヘアケアシリーズを中心に独自成分・技術を活かした体験型サービスを提供。沖縄発の世界ブランドを目指し、国内外への展開を進めている。
さらに「感情の可視化®」という独自のメソッドを開発し、企業や大学での講演、社内評価制度への導入など、幅広い場面で実績を重ねてきた。「感情の可視化®」メソッドを中心としたビジネス・人材育成セミナーは延べ200回以上開催し、4000人以上が受講するなど、精力的に活動している。トライアスロン歴10年のアスリートでもある。

フェイスブック：https://www.facebook.com/castlehill.07
インスタグラム：https://www.instagram.com/p/DFhChmuzKJY/?img_index=4

編集協力　いくしままき
協力　角谷直紀
装丁・本文デザイン・図版　若松隆
DTP　C-パブリッシング サービス
図版　村松明夫／中井正裕
撮影　藤岡雅樹

感情《かんじょう》の可《か》視《し》化《か》

人類総《じんるいそう》SNS時代《じだい》における“自分《じぶん》の価値《かち》”の見《み》つけ方《かた》

初版第一刷　2025年 2 月28日

著　者　岡城良太
発行者　小宮英行
発行所　株式会社 徳間書店
〒141−8202　東京都品川区上大崎3-1-1 目黒セントラルスクエア
電話　【編集】03-5403-4350 ／【販売】049-293-5521
振替　00140-0-44392

印刷・製本　中央精版印刷株式会社

ISBN978-4-19-865945-5

「感情の可視化」
公式LINE・無料動画セミナー登録のご案内

具体的かつ実践的な内容を補足するために、下記の特典を通じたフォローアップの機会をご用意しました。

無料特典のご紹介

無料動画をご視聴いただくことで、以下の特典が自動的に付与されます。

- **ワークシート**：本書の理論を実際の行動に移すための、記入式シート。自己分析や日々の振り返りにお役立てください。
- **活用ガイド**：感情の可視化をビジネスやプライベートでどう実践すべきか、具体的なステップとヒントをまとめた解説資料。
- **セミナースライド（PDF）**：実際のセミナーで使用されたスライド資料を、より深い理解と復習のためにご提供いたします。
- **限定メールマガジン**：最新の情報や追加アドバイス、事例紹介など、定期的にお届けするコンテンツです。

公式LINE登録・無料動画視聴のメリット

- **シームレスな特典受け取り**：無料動画の視聴、または公式LINEへのご登録するだけで、特典がご利用できます。
- **個別の質問対応**：感情の可視化の理論や実践に関するご質問に、著者自らが丁寧にお答えします。
- **継続サポート**：定期的に最新の情報やアドバイスをお届けし、実践のサポートを行います。

今すぐご登録・ご視聴ください

下記の二次元コードまたはURLより、まずは無料動画をご視聴いただくか、感情の可視化の公式LINEにご登録いただき、［特典希望］とコメントを入れてください。

「感情の可視化」
無料動画
二次元コード▶▶▶

「感情の可視化」
公式LINE
二次元コード▶▶▶